AF194849

KEiN PHöNiX

Pit

SCHiCKSALE

Idee, Design & Layout: Pit Vogt & Jack En Tii

Alle Texte sind frei erfunden

<u>Impressum</u>

Herstellung und Verlag:
BoD - Books on Demand , Norderstedt

ISBN: 978-3-7534-2664-8

Irgendwo

Irgendwo in dieser Stadt
Dort, wo keiner Namen hat
Fand ich dich am Rand der Zeit
Warst zu schnellem Sex bereit
Dort, am Ende aller Zeit
Irgendwo in dieser Stadt

Warfst dir harte Drogen ein
Bloß nichts fühln
Das muss so sein
Träume, Liebe gibt's hier nicht
Niemand schaut dir ins Gesicht
Traum und Hoffnung gibt's hier nicht
Selbst das Bier ist selten rein

Tränen netzten deinen Blick
Wolltest Freiheit,
Nur ein Stück
Irgendwo in dieser Stadt
Wo kein Mensch mehr Namen hat,
Bliebst du hungrig
Warst nicht satt
Sehnsucht netzte deinen Blick

Als ich ging, bliebst du zurück
Bliebst im Schatten, ohne Glück
Irgendwo im Hinterhaus
Stirbt so manche graue Maus
Dort hält´s keiner lange aus
Kann man leben ohne Glück

Und schon bald fuhr ich nach Haus
Hier sieht alles anders aus
Trank den Sekt, so gegen Vier
War doch noch so nah bei dir
Schloss die dicke Eingangstür
Weit entfernt vom Hinterhaus

7

Der Schauspieler

Er hatte einfach nur gelacht
Der Schauspieler im letzten Akt
Er sah uns an und hat gelacht
Woran nur hatte er gedacht
Der Schauspieler im letzten Akt

Er spielte so unsagbar gut
Der Schauspieler gab alles hin
Er weinte auch und zeigte Wut
Ging es ihm wirklich immer gut
Der Schauspieler gab sich nur hin

Am Ende ging der Vorhang zu
Der Schauspieler schminkte sich ab
Er wollte jetzt nur seine Ruh
Der Vorhang ging für heute zu
Es war ein wirklich guter Tag

Dann ging er heim, tief in der Nacht
Die Frau, die Kinder schliefen schon
Ein Kuss für alle, nur ganz sacht
Denn es war still und es war Nacht,
Fernab vom Bühnenmikrofon

Und als er träumte, selbst sich sah,
Da spürte er auch Einsamkeit
Wer er im Spiel auch immer war,
Er blieb allein dort, unnahbar
Und Frau und Leben schienen weit

Er brauchte den Theaterschein
Die Kinder hatten ihn vermisst
Er wollte jemand anders sein
Ein Leben zwischen Schein und Sein
Hat seine Frau nur sacht´ geküsst

Am nächsten Morgen gegen Acht
Ging er zur Probe für sein Stück
Er hat „Adieu" nur leis gesagt
Ging ins Theater gegen Acht
Denn dort, nur dort fand er sein Glück

Er hatte wieder gut gespielt
Der Schauspieler im letzten Akt
Ob er sich wirklich wohl gefühlt
Wer weiß das schon
Er hat gespielt
Ein Schauspieler im letzten Akt

Die Angestellte

Es war ein Morgen, irgendwann
Der Kaffee schmeckte schlecht, so schlecht
Noch schnell ein Küsschen für den Mann
An diesem Morgen, irgendwann
Sie macht' es allen immer recht

An jenem Tag, als Regen fiel,
War's trübe noch und seltsam lau
Ihr Job war hart, kein leichtes Spiel
Der Tag war grau und Regen fiel
Sie war 'ne starke schwache Frau

Sie sah das Elend vis-à-vis
Und mancher Fall wog tonnenschwer
Sie hielt es durch, wohl irgendwie
Sie sah manch' Trauer vis-à-vis
Doch auch sie selbst schien müd und leer

Vorm Spiegel in der Pause dann,
Da sah sie sich und weinte leis
Ein Handyklingeln
Wohl der Mann
Vorm Spiegel jetzt
Minutenlang
Und irgendwo zerschmolz das Eis

Was, wenn sie einfach wortlos ging
Dorthin, wo alles Glück vielleicht
Dorthin, wo aller Segen hing
Wer fragt, wenn sie jetzt einfach ging
Ob's für das Leben dann noch reicht

Sie schloss die Augen, hielt sich fest
Sie wankte hin und wieder her
Was, wenn man sich mal treiben lässt
Sie hielt am Waschbecken sich fest
Im Leben geht so manches quer

Was für ein schöner ferner Traum
Sie wischte sich die Tränen fort
Mit Seife und mit reichlich Schaum
Wusch sie sich ab, den großen Traum
Man rief nach ihr, mit lautem Wort

Und lächelnd lief sie schnell zurück
Ein neuer Kunde wollte Rat!
Wo liegt des Lebens größtes Glück
Sie lief nur ins Büro zurück
Und tat, was sie sonst immer tat

Sie sagte „Ja"
Sie sagte „Nein"
Der Arbeitstag ging schnell vorbei
So musste es wohl immer sein
Ein Leben zwischen Ja und Nein
Ihr Mann kam heim
So gegen Drei

Weihnachtsgeschichte

Ein Weihnachtsabend gegen Drei
Das junge Paar sitzt unterm Baum
Ein kleines Kind ist auch dabei
Es ist an Weihnacht gegen Drei
Was für ein schöner Weihnachtstraum

Gleich gibt's Geschenke reichlich, satt
Das Kind, gespannt, ist voll von Glück
Der Weihnachtsmann kommt in die Stadt
Und bringt Geschenke, reichlich, satt
Und Papa kennt den Weihnachtstrick

Er geht hinaus und lächelt leis
Und sagt noch schnell: *„Gleich ist´s soweit"*
Die Spannung steigt, dem Kind wird´s heiß
Der Papa lächelt nur ganz leis
Und so vergeht die Stund, die Zeit

Die Mutter nimmt das Kind zu sich
Und streichelt sacht ihm übers Haar
„Wo bleibt der Papa", fragt sie sich
Und nimmt das Kind ganz sacht zu sich
Der Weihnachtsmann ist noch nicht da

Der Abend geht, längst schläft das Kind
Es hat nach Papa kurz gefragt
Vorm Hause streicht ein eisig´ Wind
Die Mutter bracht ins Bett das Kind
Und hofft am Fenster voller Klag´

Wo bleibt der Papa, wo der Mann
Warum in dieser Weihnachtsnacht
Lang schaut im Spiegel sie sich an
Wo bleibt nur unser Weihnachtsmann
Hat der sich aus dem Staub gemacht

Am nächsten Morgen klingelts früh
Zwei Polizisten stehn vorm Haus
Sie stelln sich vor und fragen sie
Für manche Nachricht ist's zu früh
So sieht kein Weihnachtsmorgen aus

Man fand den Wagen irgendwo,
Zerschellt an einer Häuserwand
Da war das Glatteis, einfach so,
In einer Straße, irgendwo
Den Toten man erst morgens fand

Die Polizisten gehen schnell
Nach Haus, wo Weihnachtsmusik singt
An jenem Morgen wird's nicht hell
Und mancher Tod kommt eben schnell
Manch' Papa nie Geschenke bringt

Das Kind erwacht so gegen Zehn
Und fragt nach seinem Papa bald
Die Mutter bleibt im Zimmer stehn
Es ist an Weihnacht, früh um Zehn
Und in der Wohnung ist's so kalt

Sie nimmt das Kind in ihren Arm
Und drückt es fest ans Mutterherz
„Wolln wir zum Weihnachtsmann jetzt fahrn"
Sie hält das Kind ganz fest im Arm
Und schluckt hinunter ihren Schmerz

Und alle Fragen bleiben fort
Es gibt auch keine Fragen mehr
Wo gestern noch ein schöner Ort,
Bleibt aller Weihnachtszauber fort
Der Weihnachtsmann kommt nimmer mehr

Sie steigt ins Auto mit dem Kind
„Komm lass nach Papa uns jetzt schaun"
Es weht nur eisig kalt ein Wind
Sie fährt davon mit ihrem Kind
Auch draußen steht manch´ Weihnachtsbaum

Man sieht sie rasen übers Land
Es fällt der Schnee so weiß und dicht
Sie nimmt das Kind fest an die Hand
Es ist doch Weihnachten im Land
Die nächste Kurve sieht sie nicht

Dann ward es still
Kein Schnee, kein Wind
Nur einsam steht ein Weihnachtsbaum
Sie stieg ins Auto mit dem Kind
Und wollt zum Weihnachtsmann geschwind
Nur einmal noch den Weihnachtstraum

Und irgendwo zur Weihnachtszeit,
Da wartet manches Kind verzückt
Auf Papa mit dem Weihnachtskleid
Am Himmel hoch zur Weihnachtszeit
Da sind drei Sterne voll von Glück

Alte Frau

Sie denkt sehr selten nur an Morgen
Die alte Frau ist ohne Sorgen
Sitzt auf der Bank, vorm Haus, im Tal
Und es ist Frühling
Wiedermal

Im Sommer ziehts die Frau zum Garten
Sie will jetzt nicht mehr länger warten
Die Rosen und die Nelken blühn
Sie will nochmal im Tanz sich drehn

Der Herbst zieht ein, die Blätter fallen
Auch Vogelstimmen kaum noch hallen
Die alte Frau ruht sich nun aus
Und Nebel ziehen um ihr Haus

Die alte Frau ist alt geworden
Und jenes Jahr scheint fast gestorben
Der Winter längst am Fenster leckt
Die Bank vorm Haus
Von Schnee bedeckt

Bekenntnis

Die Tage winden sich
durch meine abgewrackte Seele
Ich geh allein
den längst vertrauten Weg im Park
Mein Herze schweigt,
wie meine ausgedörrte Kehle
Jenseits des Glücks,
Und meine Wunden schmerzen arg

Da war die Zeit,
als ich noch Hoffnung spürte
Als ich noch jung,
versuchte manches kleine Glück
Als ich mit Illusionen
meinen Lebensweg verzierte
Dumm und verträumt
Und viel zu oft verrückt

So manchen Streit
wollt ich mit Mutter führen
Naives Kind,
das niemanden verstand
Zog in die Welt
mit allzu vielen Starallüren
Hielt mich doch fest
an Mutters guter starker Hand

Die Jugend ging
und mit ihr auch mein Lachen
Und auch mein Traum,
der König dieser Welt zu sein
Da stand ich nun,
schwer fiel mir das Erwachen
Fand schwachen Trost
in feuerrotem Erdbeerwein

Ich wollt den Freund,
der meine Ängste kannte
Und schlich mich ein
in manches eisigkalte Herz
Und als ich selbst
an meiner Gier verbrannte,
erkannte ich das erste Mal
den nimmermüden Schmerz

Ein Fremder

Als ich ihn sah,
So grau sein Haar,
Schien er mir nah,
Auch ohne Wort
Genau wie er auch ich mal war
Mit feinem Hemd an gutem Ort

Er ging im Anzug,
Sehr korrekt
Auch ich hab teuren Zwirn im Schrank
Manch' Ängste jetzt in mir versteckt
Mal fühl ich mich recht schwach,
Und krank

Hab mich im Dunkel oft gesehnt
Nach Ruhm, Erfolg und Glück
Und Sinn
Was heute keiner mehr versteht:
Ich sehnte mich sehr gern dorthin

Er ging vorbei mit Stolz im Blick
Vielleicht war er ein Gotteskind
Doch er entschwand bald,
Stück um Stück,
Im Menschenmeer,
Wo jeder blind

Als ich ihn sah, sah ich auch mich
Ein Spiegelbild, so ohnmächtig
Im Spiel des Lebens lediglich
Blieb drüben er und jenseits
Ich

Einst träumte mir vom schönen Land
Vom Prinzenpaar,
Von Geld und Gut
Hab damals nichts von mir erkannt
Zu heiß verging mein krankes Blut

Der Fremde kennt mich nimmermehr
Ein Wind verweht den Straßenstaub
Vielleicht ist alles gar nicht schwer
Ein Fremder schien mir sehr vertraut

Sein letzter Blick

In der Garderobe ganz allein
Ein Clown, schon alt und ziemlich bunt
Schaut in den Spiegel lang hinein
In der Garderobe, ganz allein
Zu seiner allerletzten Stund

Mit weiß geschminktem Angesicht
Schaut er sich bitter schweigend an
Warum nur ist so hell das Licht
So weiß und trist sein Angesicht
Was für ein Narr
Ein alter Mann

So viele Jahre war es so
Die Bühne und die schöne Schau
Jetzt sitzt er hier und scheint nicht froh
So viele Jahre
Einfach so
Sein Haar ist dünn und auch schon grau

Die Kinder hatten ihn geliebt,
Als er noch sang vom großen Glück
So manches laute Frühlingslied
Sang er mit Kindern, die so lieb
Jetzt schweigt er hier im letzten Stück

Sein Leben war die Zirkusluft
Ein andrer sein, das wollte er
Er spürt, wie etwas nach ihm ruft
So fern von aller Zirkusluft
Im Herze wird's ihm ach so schwer

Er kann doch nicht so einfach gehn,
Dorthin, wo er nicht spielen kann
Soll aller Spaß mit ihm verwehn
Soll man denn wirklich wortlos gehn
Er ist ein Clown
Ein Zirkusmann

Doch bleibt ihm keine Antwort mehr
Von fern noch hört er den Applaus
In der Garderobe ists so leer
Hier gibt es keine Antwort mehr
Und er geht niemals mehr hinaus

Ganz dicht rutscht er zum Spiegel hin
„Wo ist mein Lachen", fragt er sich
Wo ist all das, was ich noch bin
Der Spiegel flüstert leis zu ihm:
„Du bleibst ein Clown, gar vorbildlich"

Und lächelnd lehnt er sich zurück
Ein letztes Mal schminkt er sich ab
Es war sein allerhöchstes Glück
Zufrieden lehnt er sich zurück
Hier vor dem Spiegel ward sein Grab

Für meine Mama

Manchmal sagtest Du:
Es geht vorbei
Und ich saß nur da und schwieg
Und weinte auch
Weils bei mir mal wieder
Schief gegangen war
Doch dann lief ich los
Ins Leben – lachte laut
Und Du schautest mir noch lange nach
Und an Weihnachten brannten
Echte Kerzen
In unseren Herzen

Ich war so voller Tatendrang
Und wollte noch so viel
Und manchmal auch zu viel
Lief fort und kam doch wieder heim
Zu Dir, zu meiner stetigen Geborgenheit
Und wir waren glücklich und so froh
Und auch zufrieden
Wo heute manchmal fehlt
Mir die Bescheidenheit

Was warn es für Jahre
Meine Mama, ach
Ich liebe Dich und so wird's auch immer
Bleiben
Ich bin Dein Kind – für immer
So ist es eben
Mutter und Sohn
Und sonst gibt's nichts
Das war seit Generationen so
Wir sind füreinander da
Und doch sind's einfach viel zu wenig Worte
Für Dich
Meine Mama

Phoenix

Traf Dich in der großen Stadt
Dort in Phoenix, irgendwo
Dort, wo keiner Namen hat
Irgendwo in dieser Stadt
Fragt' ich Dich ganz einfach so

Dein Gesicht, Dein blondes Haar
Und Dein Lachen, sonderbar
Alles war wies niemals war
Wie Dein Lachen unterm Haar
Wollte bleiben, völlig klar

Ach, wir tanzten durch den Tag
Durch die wundervolle Stadt
Dort, wo keiner Namen hat
Sangen wir durch diese Stadt
Und wir stellten keine Frag

Irgendwann der erste Kuss
Blondes Mädchen, irgendwo
Niemand dachte an den Schluss
Dort in Phoenix dieser Kuss
Und wir waren glücklich, froh

Da, im Radio, dieser Song
Deine Stimme war's, ein Traum
Phoenix, Du, nun komm doch schon
Oh mein Gott, was für ein Song
Und wir kannten uns doch kaum

Doch mein Herz schlug anderswo
Wollt nach Westen weiter ziehn
Ja, wir waren glücklich, froh
Blondes Mädchen irgendwo
Du warst unbeschreiblich schön

Eines Tags, da spürte ich
Dieses Fernweh nach Asphalt
Wusste doch, ich liebe Dich
Doch es schien absonderlich
Phoenix macht mich nicht mehr alt

Lächelnd nahm ich Deine Hand
Küste Deine Tränen fort
Als mein Pickup dann verschwand
Winktest Du mit schwerer Hand
Und bliebst stehn noch lang am Ort

Phoenix lag lang hinter mir
Musst' nach Westen weiter ziehn
Irgendwann, so gegen Vier
Schrieb 'ne SMS ich Dir
Willst Du denn nicht mit mir gehn

Doch du schwiegst, mein Phone blieb stumm
Und ich war schon weit, so weit
Dachte schon, Du nimmst mirs krumm
Diese Trennung, die so dumm
Lang vorbei schien unsere Zeit

Da, im Radio, dieser Song
Diese Stimme, das warst Du
Riefst nach mir, nun komm doch schon
Oh mein Gott, was für ein Song
Und vorbei war's mit der Ruh

Wendete den Wagen schnell
Fuhr zu Dir, mein Phoenix-Star
Jene Stund war hell, so hell
Fuhr zu Dir, nach Phoenix schnell
Plötzlich schien das Leben klar

Irgendwo am Straßenrand
Standst Du noch und winktest mir
Habe Dich sofort erkannt
Tränenschwer am Straßenrand
Jetzt bleib ich für immer Dir

Traf Dich in der großen Stadt
Dort in Phoenix, irgendwo
Wo das Glück ´nen Namen hat
Dort in dieser Riesenstadt
Wurden wir gemeinsam froh

Und der Westen blieb nicht fern
Nach Los Angeles wir zwei
Blondes Mädchen, Du mein Stern
Hollywood war nicht mehr fern
Phoenix machte uns so frei

Immer auf der langen Fahrt
Mal nach West und mal nach Süd
Unsre Herzen blieben stark
Wir zwei auf der großen Fahrt
Weil ich Dich für ewig lieb

Späte Heimkehr

Es steht ein Haus am Waldesrande
Und es fällt Schnee so weiß und sacht
Gar friedlich liegt dies deutsche Lande
Gar friedlich ist der Tag, die Nacht

Ihr Name ist Frau Martha Krause
Ihr Mann, der Kurt, zog in den Krieg
Nie kam er von der Front nach Hause
Und Martha hofft lang auf den Sieg

So viele Jahre sind vergangen
Der Krieg, das Sterben – alles aus
Sie hat mit Kurt sich gut verstanden
Vor vielen Jahrn in diesem Haus

Sie steht am Fenster, schaut zum Walde
Ob Kurt den Weg zum Haus noch find'
Er wird wohl kommen, ziemlich balde
Und in den Bäumen spielt der Wind

Der Schnee türmt auf sich um das Häuschen
Und Martha wird es ziemlich flau
Vorm Ofen piepst ein kleines Mäuschen
Und draußen wird es kalt und grau

Da stapft durchs wüste Schneegestöber
Ein junger Mann bis vor das Haus
In Uniform und Stiefelleder
Schaut er wie ein Soldat wohl aus

Er starrt zum Fenster und zu Martha
Die schiebt leis die Gardine fort
Sie hat wohl Tränen unterm Haar da
Und beide sprechen nicht ein Wort

Sie nimmt die Feldpostbriefe an sich
Die von der Front ihr Kurt einst schrieb
Und fühlt sich leicht und gar nicht grantig
Und hat den Kurt noch immer lieb

Sie geht hinaus zu jenem Manne
Der küsst sie sacht auf ihre Stirn
Der Schneesturm tobt durchs deutsche Lande
Und kann doch gar nichts mehr zerstörn

Die beiden stapfen bis zum Walde
Und Schnee hüllt sie wien Schleier ein
Kurt war gekommen, ziemlich balde
Und beide wollen endlich heim

Es wacht ein Haus am Waldesrande
Und es fällt Schnee so weich und sacht
Und friedlich ists im deutschen Lande
Und Martha hat sich aufgemacht

Die Herde

Und die Herde, die zieht weiter
Starker Sturm verweht die Spur
Dieser Winter ist nicht heiter
Und die Herde zieht schon weiter
Schreie hall'n durch Wald und Flur

Manches Kälbchen friert, ist müde
Bleibt vielleicht schon bald zurück
Es ist kalt und es ist trübe
Doch die Herde wird nicht müde
Kämpft voran sich Stück um Stück

Wölfe harren da am Rande
Haben Hunger immerfort
Doch der Herde wird's nicht bange
Sieht die Wölfe da am Rande
Und zieht immer weiter fort

Doch der Sturm wird immer stärker
Schon bleibt manches Kalb zurück
Auch die Wölfe machen Ärger
Und der Schneesturm wird noch stärker
Bis zum See ists noch ein Stück

Nein, die Wölfe wolln nicht jagen
Nehmen schwache Kälbchen sich
Es ist hart in diesen Tagen
Sehr viel Kraft fehlt da zum Jagen
Winterzeit ist fürchterlich

Doch die Herde zieht schon weiter
Nichts hält sie an einem Ort
Ausgemergelt ihre Leiber
Und die Tiere ziehen weiter
Und sind längst schon wieder fort

Durch den Sturm und durch die Lande
Führt ihr Weg von See zu See
Mancher Wolf wacht da am Rande
Tod, Verderben auch im Sande
Und manch Spur verwischt im Schnee

Drogentod

Ich treff sie dort, wo alles leer
In jener Bronx, am Rand der Zeit
Das Lachen fällt ihr schwer, so schwer
Und machen Traum, den gibt's nicht mehr
So manche Hoffnung scheint so weit

Die Spritze in der rechten Hand
Den Stoff fest in der linken Faust
Ansonsten total abgebrannt
So lehnt sie weinend an der Wand
Ein Dealer um die Ecke saust

Ich frage sie, wie's sonst noch steht
Ist sie alleine oder nicht
Sie sagt, ihr Leben sei verdreht
Für Kind und Mann sei's längst zu spät
Nur manchmal Sex
Jenseits vom Licht

Für zwanzig Dollar irgendwo
Dann reicht's auch für den nächsten Schuss
Sie meint, ihr Leben sei halt so
Für wenig Geld ins Nirgendwo
So sollt es sein wohl bis zum Schluss

Der Regen wäscht die Stufen ab
Auf welche sie ganz plötzlich sinkt
Ich will ihr helfen
Sie winkt ab
Ein kalter Stein, einsames Grab
Hier, wo es nur nach Abfall stinkt

Sie schließt die Augen sanft und lieb
Wie manches Kind, das schlafen will
Was für ein Schicksal sie wohl trieb
An jenen Ort, wo's ewig trüb
Sie liegt nur da und schläft ganz still

Ich sitz bei ihr – der Mond scheint matt
Ich wein um sie
Doch sie ist fort
Man holt den Leichnam wortlos ab
Ob sie´s im Himmel besser hat
Vielleicht ist´s dort ein guter Ort

Es ist schon Nacht, so gegen Drei
Ich fahre ins Hotel zurück
In jener Welt, wo alles frei
Hört niemand mehr den stummen Schrei
Den Drogentod, fernab vom Glück

Da spricht ein Pfarrer im TV
Und viele andre nicken brav
Man stellt die Armen dann zur Schau
Und spricht ansonsten klug und schlau
Und legt sich dann zum süßen Schlaf

Ich sah sie dort, wo alles schwer
In jener Bronx
Am Rand der Zeit
Die junge Frau gibt es nicht mehr
Sie starb ganz einsam, wortlos, leer
Es bleibt kaum Hoffnung
Nur noch Leid

Tony
oder so

Es war einmal und ist nicht mehr
Ja, er hieß Tony, oder so
Sein Leben war nie öd und schwer
Sein Tag recht gut und er schien froh

Zwar lebte er mit seinem Sohn
Allein im Haus, ganz ohne Frau
Jedoch bekam er guten Lohn
War redlich immer und genau

Doch irgendwann, in dunkler Nacht,
Da wollt er Spaß und nicht zu knapp
Er hat sich auf den Weg gemacht
Wollt endlich feiern, richtig satt

Sonst ging er nie in trübe Bars
Die Nacht stand ihm nicht im Gesicht
An irgendeinem Tage war's,
Da scheute er das Tageslicht

Die Bar „Zum allerletzten Spiel"
Lag nah beim Kiez, im roten Licht
Er ging dorthin und trank sehr viel
Und fand das Ende plötzlich nicht

Die Damen küssten ihn ganz sanft
Und wollten Sex
Und wollten mehr
Er fühlte sich ganz unverkrampft
Er sehnte sich was Schönes her

Den Frust, das Pech versoff er dort
Für ein paar Stunden selig sein
Dann trollte er sich einsam fort
Und wollte immer noch nicht heim

Doch ohne Geld ging´s nicht sehr toll
Die Nacht verschluckte allen Lohn
Er war am End und ziemlich voll
Zu Hause schlief allein der Sohn

Wieso jetzt artig weiter ziehn
Warum nach Hause ohne Wort
Weshalb den Alltag, der nicht schön
Weswegen stets derselbe Ort

Da stand die Tankstelle vor ihm
Was wäre, wenn er einbricht dort
Nach Irgendwas stand ihm der Sinn
Er brauchte Abenteuersport

In einer Pfütze lag ein Colt
Ne echte Knarre, einfach so
In seinem Herz: Millionen Volt
In seinem Hirn: Nur trocknes Stroh

Er nahm den Colt und stürmte los,
In jene Tankstelle hinein
Jetzt fühlte er sich endlich groß
Jetzt konnt er endlich mutig sein

„Das Geld raus", schrie er laut und schrill
Und hielt den Colt hoch in die Luft
Er wollte wohl vom Glück zu viel
In seiner schwarzen Lederkluft

Doch die Kassiererin war schnell
Sie schlug ihm mitten ins Gesicht
Ein Schuss ertönte – ziemlich grell
Und es erlosch das Deckenlicht

Als dann ein scharfer Lichtstrahl fiel,
Lag die Kassiererin vor ihm
Die Polizei kam schnell ins Spiel
Die schlugen ihm auf Colt und Kinn

Sie nahmen ihn mit aufs Revier
Er war nur starr und dachte nichts
In jener Nacht, so gegen Vier,
schien er so jenseits allen Lichts

Man sperrte ihn in einen Raum
Der war so klein, so dunkel, kalt
Ein Menschenleben – aus der Traum
So mancher wird im Knast steinalt

„Zwölf Jahre" hieß das Urteil bald
Und dann ins Irrenhaus vielleicht
In jedem Knast ists bitterkalt,
Wo´s Unheil durch die Gitter streicht

Den Sohn sah er sehr selten nur
Verkauft das Haus, verschenkt das Glück
Bis stehen blieb die Lebensuhr
Der Wahnsinn ihn zum Tode trieb

Es war einmal – und ist nie mehr
Ja, er hieß Tony, oder so
Sein Tag, sein Leben schien kaum schwer
Nur jener Tag, an dem er floh

Der Autist

Er war noch jung, ein Junge noch
Und doch so fremd von dieser Welt
Er schien recht glücklich, immer noch
Und lebte nicht im dunklen Loch
Und war so sanft
Verstand, was zählt

Oft sagte man: „Der ist verrückt
Der tickt nicht richtig irgendwo"
Manchmal schien er der Welt entrückt
Man sagte: „Ach, der ist verrückt
Der merkt doch nichts, wird niemals froh"

Doch seine Mutter liebte ihn
Auch, wenn er anders war und schwieg
Für sie war er der Lebenssinn
Vielleicht sogar der Hauptgewinn
Er hatte alle Menschen lieb

Denn wenn er lachte, fröhlich war,
Dann schien die Welt, das Glück perfekt
Dann schien fast alles sonnenklar
Und nichts blieb mehr so wie's sonst war
Er war doch klug und aufgeweckt

Jedoch verging die Zeit, die Zeit
Er hat gespürt, man wollt ihn nicht
Er wusste um der Mutter Leid
Da lief er fort, so weit, so weit
Ein sanftes Lächeln im Gesicht

Der Mutter hat er nichts gesagt
Er lief und lief bis an das Meer
Nie hatte er geflucht, geklagt
Und auch der Mutter nichts gesagt
Das Meeresrauschen, ach so schwer

Noch einmal schaute er sich um
Da war niemand am kahlen Strand
Er war ein Junge noch, so jung
Vielleicht verrückt, doch niemals dumm,
Als er vor Gott so einsam stand

Ganz plötzlich rief jemand nach ihm
Dort draußen auf dem weiten Meer
Wer war das nur
Wo lag der Sinn
Er lief ins Wasser einfach hin
Man sah ihn später nimmermehr

„Komm heim, komm heim, du liebes Kind.
Bei mir hier bist Du nie allein.
Dort, wo die Kinder Engel sind,
Wach ich bei Dir, mein liebes Kind.
Komm lass und jetzt zusammen sein"

Die Welt dort draußen war zu kalt
Er wollte nicht mehr draußen sein
Die Tür, die offen einen Spalt,
War plötzlich einfach zugeknallt
In seiner Welt blieb er allein

Er war so jung, ein Junge noch
Nur seine Spur blieb da im Sand
Und leise summt am Strand der Wind
Die Mutter weinte um ihr Kind,
Denn es ergriff wohl Gottes Hand

Eine Frau

Der Nachmittag war gar nicht kalt
Die Sonne schien vom Himmelszelt
Die Frau im Spiegel schien ihr alt
Ward sie vielleicht schon Rentner bald
War dies der Preis für Arbeit, Geld

Hier im Büro blieb jeder jung
Hier sah auch jeder blendend aus
Der Chef verlangte reichlich Schwung
Sie war tagtäglich auf dem Sprung
Sehr spät kam sie alltags nach Haus

Sie freute sich auf Kind und Mann
Die Hausarbeit schien da nicht schlimm
Sie wollte geben, was sie kann
Sich selbst vergaß sie dann und wann
War dies ihr Lebens-Hauptgewinn

Die Frage hat sie nie gestellt
War ihr der Mann noch immer treu
Dort, wo nur Geld und Leistung zählt,
Wird manche Frage nicht gestellt
Und mancher Traum verweht ganz scheu

Sie stand vorm Spiegel lange so
Ganz plötzlich schien's doch anders heut
In ihr schlug etwas, dass sehr froh
Vielleicht ein Duft von frischem Stroh
Vielleicht die Lust auf fremde Leut

Sie packte ihre Tasche schnell
Und stahl sich leis aus dem Büro
Von draußen schallte Hund-Gebell
Und auch die Sonne schien recht grell
Nie ging sie von der Arbeit so

Vorm Hochhaus auf der breiten Straß´,
Da sog sie ein die frische Luft
Die Straße war nicht regennass
Und viele Leute hatten Spaß
Dort, wo kein Mensch mehr nach ihr ruft

Sie tanzte über Stock und Stein
Ins nächste Wirtshaus, gleich ums Eck
Warum denn stets vernünftig sein
Warum immer gehorsam sein
Warum nicht mal ein andrer Weg

Derweil daheim, ganz ohne Freud,
Da fragte man: „Wo bleibt sie nur"
Ja, irgendwas schien anders heut
Wo bleibt die Frau, die Mutter heut
Kommt jetzt der Alltag aus der Spur

Sie trug noch einmal richtig auf
Mit Lippenstift
Wild wie ihr Blut
Die Spießigkeit Sie pfiff darauf
Das Leben ist kein Dauerlauf
Der Wein war alt und ziemlich gut

Das erste Mal nach langer Zeit
Fiel ihr vom Herz ein schwerer Stein
Der Alltag lag so endlos weit
Für einen Nachmittag befreit
Könnt das nicht jeden Tag so sein

Die Kirchturmuhr schlug Mitternacht
Sie schien beschwipst und schien so frei
Sie hat nicht lange nachgedacht,
sich einfach auf den Weg gemacht
Es sei so wie es eben sei

Mit einem Taxi fuhr sie heim,
Und schaut´ durchs Fenster in das Haus
Der Mann, die Kinder saßen fein,
Ganz brav vorm Fernseher
Allein
Und hieltens ohne sie wohl aus

Leis schlich sie sich ins Bettchen dann,
Und schlief schnell ein
Ganz unverzagt
Am Morgen weckte sie der Mann,
sogar die Kinderchen sodann
Und sie stand auf
Wie jeden Tag

Zwar fragte sie der Mann recht kurz,
Wo sie am letzten Abend blieb
Doch war ihr alles ziemlich schnurz
Sie brauchte Kaffee, hatte Durst
Und hauchte leis:
„Ich hab Dich lieb"

Dann fuhr sie in die Arbeit schnell,
Als wenn es niemals anders wär
Vorbei an lautem Hund-Gebell,
War sie schon bei der Arbeit schnell
Vom Wein war ihr der Kopf noch schwer

Der Tag verging wie jeder Tag
Schien ihr die Frau im Spiegel alt
Von Kind und Mann zum Arbeitstag,
Da stellte sie kaum eine Frag
Die Sonne schien
Es war nicht kalt

See der Tränen

Am See der Tränen war´s so schön
Ich denk so oft an dich und mich
Ich wollt ihn gerne wieder sehn,
den Tränensee, der einst so schön
Und die Erinnerung an dich

Ich fragte dich, wie es dir geht
Du sagtest nichts, bliebst einfach stehn
Warum man manches nicht versteht
Ich fragte nur – wie es dir geht
Und wollte nur mal nach dir sehn

„Es geht mir gut!", das riefst du laut
Es war so laut, wie sonst wohl nichts
Du hast gelacht und nur geschaut
So manches sagt man leis und laut
Und manches hält man fern des Lichts

Die Schmerzen waren stark, so stark
Du wolltest nicht, dass ich das weiß
An unserm Steg das Boot noch lag
Ich wollte rudern, du bliebst stark!
Dass uns nur ja nichts mehr entgleist!

Der See lag ruhig, es war still
Du bliebst am Ufer lange stehn
Ich wusste nicht mehr, was ich will
Und unser See blieb einsam, still
Wirst du das alles mal verstehn

Da blieb so vieles ungesagt
„Es geht mir gut", das riefst du laut
Und ich hab auch nichts mehr gefragt
An jenem wunderschönen Tag
hast du gelacht, mich angeschaut

Das Boot verschwand - mit mir, mit dir
Am Ende blieb ein Sommertraum
Am See der Tränen träumten wir
Die Krankheit trennte dich von mir
Am Ufer wuchs ein Mandelbaum

So ging die Zeit, das Leben fort
Der See fror zu – dich gab´s nicht mehr
Ein traurig einsam kalter Ort
Mit unserm Boot fuhr ich weit fort
Und sehnte mich doch noch so sehr

Den See der Tränen gibt´s nicht mehr
Und auch uns beide nahm die Zeit
All die Erinnerung wiegt schwer
Den See, uns beide gibt´s nicht mehr
Und ich ging fort
So weit
So weit

Die Barfrau

Sie war allein mit einem Kind
Sie suchte nach dem großen Glück
Dort, wo die Träume Träume sind,
War sie allein mit ihrem Kind
Und wollt vom Leben auch ein Stück

Die zwölfte Straße jener Stadt,
Im Hinterhof
Dort in der Bar
Da wo man keinen Namen hat,
In dieser riesig kalten Stadt,
War sie allabendlich der Star

Die Männer fanden sie ganz toll
Und jeder wollt mal bei ihr sein
Sie war so schön, nicht männertoll
Und füllte alle Gläser voll
Und blieb doch stets für sich allein

Ihr blondes Haar zurecht gemacht
Die Lippen rot, das Röckchen knapp,
Hat sie gesungen
Chic, apart,
Und viel gelacht die ganze Nacht,
Und viel geweint an manchem Tag

Bei all dem Trubel in der Bar,
In jener zwölften Seitenstraß',
Schien ihr doch stets so sonnenklar,
Dass sie hier niemals glücklich war
Sie wollte hier nie wirklich Spaß

Vielleicht sollt sie ganz einfach fliehn
Ins ferne Land am blauen Meer
Ganz einfach zu den Träumen ziehn
Und niemals mehr nach hinten sehn
Doch ohne Kind wärs tränenschwer

Still wischte sie die Tränen fort
Und schenkte noch mal kräftig ein
An diesem trüben lauten Ort,
Da wischte sie die Träume fort
Und friedlich schlief ihr Kind daheim

Als sie dann ging im Morgentau,
Schloss sie die Tür der Bar schnell ab
Das Märchen von der starken Frau
Sie kannte es wohl sehr genau
Sie hasste ihren Rock, der knapp

Zuhaus am Bett des Sohnes dann,
Strich weinend sie ihm übers Haar
Sie war allein und ohne Mann
Und in der Bar ging´s immer lang
Es war so wie es eben war

Und als im Traum der Kleine sprach,
Da wusste sie, wofür sie´s tat
Da dachte sie nicht lang mehr nach
Vergaß das ganze Weh und Ach
Und das, was man nicht denken mag

So schlief sie ein bei ihrem Kind,
Wohl wissend, dass sie kämpfen muss
Ums Mietshaus wehte leis ein Wind
Daheim, wo Glück und Träume sind,
Gab sie dem Kleinen einen Kuss

Zeit der Störche

Es war die Zeit der Störche, ach
Sie kehrten heim ins schöne Land
Zu jenem Haus mit rotem Dach,
Am dichten Wald, am schmalen Bach
Ein Wind verwehte leis den Sand

Dort lebte sie mit ihrem Sohn
Mit sehr viel Hoffnung, und auch Kraft
Ein Kinderlachen reichte schon
Ihr Kind, für sie der beste Lohn
Ja, auch im Job hat sie geschafft

Die Trennung lag schon lang zurück
Ihr Ehemann zog fort, weit fort
Sie suchte nach dem großen Glück
Wohl kehrt manch Traum nie mehr zurück
An diesen einsam schönen Ort

Doch eines Tags in süßer Nacht
Da dachte sie sehr lange nach
Sie wollte, dass die Sonne lacht
Nicht immer stark sein, auch mal schwach
Sie lag bis Mitternacht wohl wach

Und zog die schönste Robe an
Fuhr in die Stadt zum Tanz im Schloss
Vielleicht gab's irgendwo ein Mann,
Der einsam auch wie sie sodann
Der lebte nicht auf hohem Ross

Im Walzer drehte sie sich wild
Der Schampus schmeckte wirklich gut
Und Abendduft lag rosig mild
Auf ihrer Seele, ungekühlt
Ihr Herze schwamm in heißer Glut

Ein netter Herr im schwarzen Zwirn
hofierte sie, umwarb sie lieb
Der Sekt benebelte ihr Hirn
Der Fremde schien sie zu verwirrn
Ein heißer Kuss zur Soulmusik

In diesem Augenblick entschwand
Die Einsamkeit, die Traurigkeit
Sie spürte seine starke Hand
Sie wär mit ihm davon gerannt
Sie spürte: endlich ist's so weit

Der Fremde buchte einen Flug
Für sich und sie, die neue Zeit
Nur fort, weit fort mit neuem Mut
Nie wieder Traurigkeit und Wut
Und endlich leben, so befreit

Doch da ertönt ihr Telefon,
Durchbrach die Seligkeit, manch Kuss
Ein schwerer Unfall mit dem Sohn
Sie rasten durch ein Feld von Mohn
Mit Flug und Küssen schien nun Schluss

Er fuhr sie bis zum Krankenhaus
Wie schnell zerbrach doch aller Traum
Wie sah's mit ihrem Sohne aus
Wieso nur jetzt solch Angst, solch Graus
Verzeihen konnte sie sich's kaum

Als sie den Kleinen liegen sah,
In seinem Bettchen, schwach und krank,
Da wusste sie, was wichtig war
Ganz plötzlich wurde es ihr klar
Sie liebte Sohn und Haus und Land

Nie wollte sie woandershin
Es lief doch gut, so, wie es lief
Ihr Sohn – der echte Lebenssinn
Es war doch richtig und auch schön
Ganz leis sie seinen Namen rief

Der Fremde lächelte sie an
Und ging von ihr – zurück zur Nacht
Er war ein wirklich lieber Mann
Sie schaute ihm lang nach sodann,
Und hat doch nicht mehr nachgedacht

Der Wind am offenen Fenster sang
Ein Lied von Trauer und von Glück
Sie hielt ganz fest vom Sohn die Hand
Und blieb im Haus, im Storchenland
Und hörte manchmal Soulmusik

Es war die Zeit der Störche, ach
Sie zogen fort ins ferne Land
Es blieb ein Haus mit rotem Dach,
Am dichten Wald,
Am schmalen Bach
Ein Wind verwehte leis den Sand

Letzte Reise

Seniorenheim am Rand der Stadt
Dort lebte er allein mit sich
Wo jeder alt ist, wenig hat,
Wuchs Einsamkeit gar fürchterlich

Besuche gab´s schon lang nicht mehr
Der Sohn kassierte nur das Geld
Sein Blick, die Tage
Öd und leer
Nichts kostet mehr die Welt

Die Eiche hinterm Heim war alt,
Gab Schatten einer kleinen Bank
Selbst, wenn´s im Winter rau und kalt,
Saß er dort jeden Abend lang

Und träumte von so manchem Stern,
Vom Nordpol und vom Bär im Eis
Er wusste, all das lag so fern
Im Nebel, der da zog ganz leis

S´ war jeden Tag der gleiche Trott:
Der Morgen glich dem Abend schon
Zum Mittessen lief er flott
Vielleicht kam später doch der Sohn

Doch als es nachmittags um Vier
Bliebs einsam wieder, keiner kam
Das Telefon nur schellte hier
Sein Sohn entschuldigte die Scham

Am Abend ein zwei Schnitten wohl
Die würgten trocken ihm im Hals
Der Tag verschwamm so müd und hohl
Noch lange fernsehen, besser als …

... die Angst vorm Schlafen, vor dem Tod
Die kroch fast jede Nacht durch ihn
Sehr oft war irgendwer in Not
Und mancher starb dort so dahin

Doch eines Nachts, da spürte er
So ein Gefühl, unglaublich stark
Sein Herz, die Knochen – nichts schien schwer
Kein Schleier auf der Seele lag

Er fühlte sich so frei und gut
Und packte ein paar Sachen ein
Da war nicht Trauer oder Wut
Er wollte nur woanders sein

Ganz heimlich schlich er sich davon,
Aus jenem Heim am Rand der Stadt
Er pfiff auf Einsamkeit und Sohn
Nahm das, was er sich einst erspart

Mit Bus und Bahn und Boot sodann
Ging's in die Ferne, nordwärts nur
Er war zwar alt, doch auch ein Mann,
Und manchmal wohl auch ziemlich stur

Im Heim zu sterben, fern vom Glück,
So wie die andern, wollt er nie
Noch was vom Leben, nur ein Stück
Ob ihm der liebe Gott verzieh

Ihm war's egal, er wollt nur weg
Zum Nordpol hin, zu seinem Traum
Er wollt zu diesem Eisesfleck,
Wie er geträumt am Eichenbaum

Und irgendwann, am zehnten Tag,
Kam er dort an, im weiten Eis
Nein, niemand stellte mehr die Frag:
Ob er noch wüsste, was er weiß

Tief atmete er ein
So lieblich schmeckte all die Luft
Fast wie ein leichter Sommerwein
Fast wie ein Engelchen, das ruft

Und er lief weiter geradeaus
So manchen Eisbär sah er auch
Hier gab es weder Mann noch Haus
Nur seinen hungrig satten Bauch

Auf einmal blieb er einfach stehn
Weit vor ihm winkte eine Frau
Wer sollte wohl dies Bild verstehn
Sogar der Nordwind wehte lau

Da rannen Tränen ihm herab,
Als er die Frau vor sich erkannt
S' war seine Liebste aus dem Grab
Sie war in seinem Zauberland

So glücklich diese beiden, ach
Sie küssten sich
Ein Tanz im Schnee
Und unterm bunten Nordlichtdach
Tat nicht einmal die Kälte weh

Alsbald nahm sie ihn an die Hand
Und schwebte mit ihm fort, weit fort
Und seine Spur schon bald verschwand,
Verweht im Schnee
Am Nordpol dort

Ganz fern im Heim bliebs weiter trist
Ob jemand fragte da nach ihm
Dort gab's wohl nur die Galgenfrist
Und eine Zeit ganz ohne Sinn

So manches Heim steht irgendwo
Und manche Alten sind dort alt
Sie werden wohl nur selten froh
Auf einer Bank
Ganz nah beim Wald

Vielleicht jedoch träumt einer dann
Vom Nordpol oder Wüstensand
Macht auf den Weg sich irgendwann
Zu seinem Traum ins Zauberland

Die Tänzerin

Irgendwie verklärt vielleicht
Eine Träne noch im Aug
Ist berühmt sie
Ist sie reich
Manchmal traurig auch
Vielleicht
Es ist ihre beste Schau

Ach, es war ´ne schwere Zeit
Harte Arbeit, viel Verzicht
Heut ist sie vom Glück nicht weit
Nein, sie fühlt sich nicht befreit
Streng manch Züge im Gesicht

Viele Fragen wiegen schwer:
War es richtig
War´s nicht gut
Ist sie heute wirklich wer
Ach, ihr Leben wiegt so schwer
So viel Tanz liegt ihr im Blut

Düster scheint die Bühne jetzt
Nur Musik erklingt ganz leis
Ja, sie tanzt so unverletzt
Leicht und schön und nicht gehetzt
Ihr Tutu ist strahlend weiß

Und sie tanzt für sich allein
Nur ein Licht strahlt sie noch an
Warum stets alleine sein
Warum niemals Sekt und Wein
Schaut sie wirklich niemand an

Da bemerkt sie einen Blick
Er ist stark und trifft sie sehr
Und ganz langsam, Stück für Stück,
tanzt sie hin zu jenem Blick
Fühlt dabei sich traurig, schwer

Es ist eine fremde Frau
Ihr Gesicht im Schatten liegt
Doch ihr Blick ist sehr genau
Wer ist jene fremde Frau
Woher hat sie diesen Blick

Als sie näher tanzt und schaut,
staunt sie, denn die Frau vor sich
ist sie selbst, so sehr vertraut
Und sie weint und staunt und schaut
Sieht ihr eigenes Gesicht

Niemand sonst ist wohl zu sehn
Jenseitig von Traum und Show
Ach, sie tanzt so wunderschön
Möcht nicht von der Bühne gehn
Doch die Fremde scheint nicht froh

Da, das Licht verlischt ganz sacht
Und die Schau ist aus, vorbei
Längst ist es nach Mitternacht
Da geht aus das Licht ganz sacht
Aller Tanz scheint einerlei

Regungslos und leichenblass
geht sie von der Bühne schnell
Spürt nicht Trauer oder Spaß
Draußen ist es regennass
Nacht ist es und gar nicht hell

Plötzlich spürt sie es genau:
Tanzen ist ihr größtes Glück
Niemals war ihr Leben grau
Und es lacht die fremde Frau
Leicht tanzt sie zur Show zurück

Kraniche

Es ziehen Kraniche durchs Land,
Bis hin zum wilden Meeresstrand
Ich schau vom Ufer in die Weite
Es ist so frisch und windig heute

Kein Mensch kann ich am Strande sehn
Will barfuß durch den Sand jetzt gehn
Ich leg mich schwerlich in den Wind
Ich wär wohl wieder gern ein Kind

Hier, wo das Meer dies Lande küsst,
Hier hab ich mich, und nichts vermisst
Die Wogen schlagen rauschend hoch
Und ich bin ratlos, immer noch

Verwirrtheit dröhnt durch Herz und Sinn:
Was, wenn ich doch verloren bin
Geht's mit dem Leben mal bergauf,
Im nimmermüden Dauerlauf

Dort in der fernen wilden Stadt,
Jenseits von Träumen, niemals satt,
Bleibt für manch Denken wenig Zeit
Manch Wunsch, manch Hoffnung scheint so weit

Ich bleibe stehn, ruf übers Meer:
Du, bring mir eine Lösung her
Doch es gibt keine Antwort nicht
Das Meer nur rauscht gar ewiglich

Es wird so sein, wies immer war:
Ich sollt nur leben, gut und klar
Stapf weiter durch den Ufer-Sand
Und es ziehn Kraniche durchs Land

Der Stieglitz

Es fliegt ein Stieglitz durch die Zeiten
Fliegt durch Berlin, Paris und Prag
Will nirgendwo zu lange bleiben
Er fliegt behänd durch Tag und Zeiten
Und zwitschert, wie er zwitschern mag

Denkt an die Welt, die schöne, helle
Die war einst ziemlich trüb und schlimm
Er ist ein lustiger Geselle
Denkt an die Welt, die flotte, schnelle
Und sinnt nicht übern Lebenssinn

Da, auf dem Baum, 'ne kleine Pause
Ein kleines Lied für jedermann
Vielleicht noch eine lustig' Sause
Dann zieht er weiter übers Hause
Und weiter fort, durchs Land sodann

Am Strand lauscht er dem Meeresrauschen
Wer weiß, wovon er da so träumt
Vielleicht will er der Brandung lauschen
Doch will er nie mit andern tauschen,
weil er vom Leben nichts versäumt

Schon bald erhebt er sich mit Kräften
Und flattert übers Meer davon
Er fühlt sich gut, in besten Säften
Scheint jenseits wohl von Geldgeschäften
Wer fragt den kleinen Vogel schon

Er ist ein Stieglitz unter vielen
Und fliegt, weil er halt fliegen muss
Wer weiß schon von den Stieglitz-Zielen
Vielleicht will er nur einfach spielen
Vielleicht ist er ein Gottesgruß

So fliegt er weiter durch die Zeiten
Fliegt von New York nach Binz und Bern
Wohl will er nirgends lange bleiben
Er fliegt nur fröhlich durch die Zeiten
Ich wink ihm oft
Ich hab ihn gern

Die Muschel

Ich fand sie dort am langen Strand
Die große Muschel, ganz in weiß
Sie lag so einsam da im Sand
Die schöne Muschel dort am Strand
Und Sommer war es, schwül und heiß

Ich hob sie auf, hielt sie ans Ohr
Es rauschte so geheimnisvoll
Welch Engel sie wohl hier verlor
Ich hielt sie einfach nur ans Ohr
Und plötzlich fühlte ich mich wohl

Die Kinder sprangen um mich rum
Das Wasser kühlte, war so frisch
Die Muschel lag am Strand herum
Und Kinder sangen um mich rum
Und manchmal auch ein kleiner Fisch

Ich dacht, ob ich jetzt baden geh
Mal so ins Wasser, wär´s nicht toll
Gar friedlich lag die wilde See
Ob ich vielleicht mal baden geh
Im Wasser wär´s so wundervoll

Da sprach die Muschel lieb und leis:
„Du bist doch frei, los, spring´ ins Nass"
An jenem Strand, der lang und weiß,
War´s wunderschön und ziemlich heiß
Im Wasser hatte ich viel Spaß

Die Muschel nahm ich mit ins Meer
Und ließ sie frei, sie tauchte schnell
Der Tag fiel leicht mir, gar nicht schwer
Ich nahm die Muschel mit ins Meer
Und plötzlich ward manch Trübes hell

All jene Sorgen, tief in mir,
Die nahm die Muschel mit sich fort
Mir schien, sie lag für mich nur hier
Sie nahm die Nöte tief in mir
Verzauberte die Welt, den Ort

Fast wie ein Kind sang ich und sprang
Am Ufer her und wieder hin
Ich hör noch heut der Muschel Klang
Sie rauschte leis und lieb und lang
Sie gab mir neuen Lebenssinn

Ich fand sie da am Meeresstrand
Die weiße Muschel, groß und weiß
So manches Jahr zog übers Land
Ihr Rauschen blieb mir, da am Strand
Und Sommer war's, so schön und heiß

Wir hatten diese Zeit
(San Diego Love)

Wir hatten diese Zeit
Jenseits aller Regeln
Dort in San Diego
An diesem wundervollen
Strand der Seligkeiten
Du bist mir im Herzen
Noch geblieben
Und wirst es immer sein
Und bist doch fort
So weit
Dort in San Diego
In dieser wundervollen
Stadt der schönsten
Märchen

Ein Lied für Dich und mich
Ich hör es noch
Und sing es leis
Es war wohl unsere Zeit
Dort in San Diego
An diesem geheimnisvollen
Strand aller Sehnsüchte
Und aller Träume
Die wir hatten
Ja, wir hatten diese Zeit
Sie ist für immer in mir
Und auch in Dir
Wie dieses Märchen

Wohl wird sie wieder sein
Jene Zeit mit uns
Ich werde wieder da sein
Bei Dir
Dort in San Diego
An jenem weißen
Strand der Hoffnungen
Dann werden wir uns küssen
Lieben und uns nie mehr
Trennen
Ich summ noch unser Lied
Dort in San Diego
Ja, wir hatten diese Zeit
Der unbeschreiblich
Schönen Träume
Die Zeit wird wiederkommen
Dann werden wir zusammen sein
Dort in San Diego
In unserem Märchen

Abgrund

Düsternis zieht durch die Straßen
Färbt Gesichter aggressiv
Wilder Mob ist kaum zu fassen
Hass und Totschlag in den Gassen
Überall liegt Terror-Mief

Nebelfeuchtes Donnergrollen
Längst kein Mondlicht mehr zu sehn
Mancher bleibt im Schlamm verschollen
Alle, die noch Frieden wollen
Rennen, bleiben nicht mehr stehn

Schüsse schlagen durchs Verderben
Schreie hallen durch die Nacht
Mancher Traum
Schon längst in Scherben
Niemand weiß, was wird noch werden
Nirgendwo noch Hoffnung wacht

Doch in irgendeinem Keller
Ist ein Licht, so schwach und klein
Es wird größer immer schneller
Es wird hell und immer heller
Will schon bald sehr mächtig sein

Und aus jenem schwachen Lichte
Wächst ganz neue Hoffnung schon
Neue Kraft im Angesichte
Menschen ändern die Geschichte
Bauen einen Freiheits-Thron

Sehnsucht nach Glogau

Sehnsucht nach dem „Nicht mehr da"
Ferne Heimat – irgendwo
Alles da, doch nichts ist klar
Und ich friere einfach so

Damals, als wir flohen, ach
Da war Krieg, der Weg so lang
Nirgendwo ein Heimat-Dach
Tausend Ängste
Trauersang

Meine Heimat gibt's nicht mehr
Längst zerschossen und kaputt
Träume sind so endlos leer
Heimatliebe: Tod und Schutt

Tränenmeer am Oderstrand
Glogau einst so stolz und schön
Jene Heimat dort mal stand
Doch sie sollt im Krieg vergehn

Sehnsucht nach dem Heimatland
Tief im Herzen bleibt es mir
Nirgendwo ich Frieden fand
Nur die Ruh ist ewig hier

Frau Holle

Ziemlich hoch im Wolkenzelte
Lebte sie für sich allein
Schaute traurig auf die Welte
Von dort oben, ihrem Zelte
Wollt so gern mal Mutter sein

Doch zu ihr, welch schlimmes Leben
Kam niemals ein netter Mann
Ach, sie wollt doch Liebe geben
Und ein Kind, ein schönes Leben
Ein Familienglück sodann

Aller Traum jedoch blieb ferne
Mann und Kind – nie kam's zu ihr
Lang schaut sie zu manchem Sterne
Alles Glück schien viel zu ferne
Keine Freude, keine Zier

Da begann sie sich zu rächen!
Holte sich, was sie gewollt!
Nutzte aller Menschen Schwächen:
Mit der Gier wollt sie sich rächen
Zauberte ein Tor aus Gold

Damit lockte sie manch Mädchen
Und versprach das große Geld
Ach, es kamen aus dem Städtchen
Viele junge, hübsche Mädchen
Durch das Tor zur Wolken-Welt

Zur Begrüßung gab es Kuchen
Daunenbettchen wunderschön
Niemals gab es Grund zum Fluchen
Herrlich schmeckten Torten, Kuchen
Nein, kein Mädel wollte gehn

Doch wenn aller Tag vergangen
Kroch empor die schwarze Nacht
Plötzlich zischten tausend Schlangen
Dort, wo längst der Tag vergangen
Hat sich Unglück breitgemacht

Da, zur Hex ward die Frau Holle!
Und ihr Wolkenhaus zerfiel!
Formte sich zur schwarzen Scholle!
Blitze zuckten um Frau Holle!
Ach, es war ein böses Spiel

Alle Mädchen, die dort oben
Längst gefangen in der Scholl
Als die Wolken fortgezogen
Warn die Mädchen nicht mehr oben
Brach entzwei dies Tor aus Gold

So verschwanden hundert Mädchen
Keiner ahnte je wohin
Traurig lag nun Welt und Städtchen
Denn es fehlten junge Mädchen
Und es fehlte Glück und Sinn

Doch ein junger Prinz vom Meere
Hörte von dem Trauersang
Und er kam ganz ohne Heere
Mit dem Boot weit übers Meere
Und er suchte tagelang

Bis er sah die dunklen Wolken
Wo Frau Holle arglos war
Mit 'nem Luftschiff unbescholten
Flog er hoch bis zu den Wolken
Und sein Sieg schien sonnenklar

Er entdeckte jene Scholle
Wo die Mädchen eingesperrt
Doch da war auch noch Frau Holle
Die verteidigte die Scholle
Ihr Gesicht von Wut verzerrt

Kraftvoll hob der Prinz den Degen
Stach in jene Wolkenpracht
Dort heraus stob wilder Regen
Alle Mädchen warn am Leben
Als die Scholle laut zerkracht

Und im Luftschiff fröhlich singend
Flog der Prinz die Mädchen heim
Ach, sie tanzten lustig springend
Durch das Städtchen rufend, singend
Alle konnten glücklich sein

Und Frau Holle in der Wolke
Die kam niemals wieder her!
Denn das Tore aus purem Golde
War nur Lüge, wie die Wolke
Die Frau Holle gibt's nicht mehr!

Der Trinker

Irgendwo in jener Stadt
Dort, wo keiner Namen hat
Lebte er wohl irgendwie
Reichtum hatte er noch nie
Lebte er so in den Tag

Eines Tages gegen 10
Blieben alle Uhren stehn
Ja, man warf ihn einfach raus
Job und Arbeit – alles aus
Plötzlich ward die Welt nicht schön

Einsam saß er nun im Dreck
Irgendwo im Straßeneck
Nur der Alkohol war da
In der kleinen Hafenbar
Soff er sich die Sorgen weg

Trank ab jetzt tagein tagaus
So sah jetzt sein Leben aus
Alles sollt im Kreis sich drehn
Er konnt selbst sich nicht verstehn
Alkohol – sein bester Schmaus

Und die Sucht hielt ihn ganz fest
Er versoff den letzten Rest
Immer öfter fiel er um
Aller Traum blieb tot und stumm
Weil die Sucht nichts leben lässt

Irgendwann im Krankenhaus
Kam er aus dem Suff mal raus
Für sechs Wochen trocken, clean
Für sechs Wochen wieder Sinn
Wieder Mensch und keine Maus

Ja, er schwor sich klipp und klar:
Nie mehr saufen, wie´s mal war!
Wieder Arbeit, Lebenssinn!
Doch der Wunsch schien schnell dahin
Und es nahte die Gefahr

Ach, er trank so viel, so viel
Ohne Halt und ohne Ziel
Bis sein Traum total zerbrach
Aus die Heimat, Haus und Dach
Und der Regen fiel und fiel

Irgendwann sah er ein Licht
Hörte, wie man zu ihm spricht:
Fürchte dich nicht, komm nur, komm
Ich bin hier und warte schon
Und er fürchtete sich nicht

Warf die Flasche weit von sich
Spürte Kraft im Angesicht
Lief und lief und war schon fort
Einsam blieb sein Heimat-Ort
Nein, die Sucht vergab ihm nicht

Irgendwo in jener Stadt
Dort, wo niemand Namen hat
Hat gelebt er irgendwann
Nein, er war kein reicher Mann
Und vom Baum fällt leis ein Blatt

Gedanken an Mama

Lange fahr ich durch den Schnee
Hinter mir die Spur verweht
Ich denk nur noch an dich
Gerade komm ich von dir
Du liegst in einem Krankenhaus
Im Wald
Und nun fahre ich wieder heim
Doch morgen bin ich wieder bei dir
Weil ich dich liebe
Und brauche
Erinnerungen spiegeln sich
Im verschneiten Wald
Am Straßenrand
Erinnerungen an meine Kindheit
Immer warst du da für mich
Jetzt bin ich es für dich
Du hast eine schwere Krankheit
Überstanden
Und ich bin jetzt da für dich
Der Schnee fällt dicht
Und die Scheinwerferkegel
Meines Wagens bohren sich hindurch
In meine Seele
Ich denk an dich
Und ich muss weinen
Was, wenn es anders gekommen wär
Bald schon kommst du wieder heim
Dann sind wir alle zusammen
Das ist das größte Glück
Für mich
Ich denk immerzu an dich
Und fahre durch das Schneetreiben
Die Spuren verwischen sich
Und in meinem Herzen ist so viel Liebe
Nur allein für dich
Ich hab dich so lieb
Mama

Der Obdachlose

Die Sonne strahlt und wärmt die Stadt
Dort ist es, wo man alles hat
Doch hinterm Park, im Brückenschacht
Ist meistens Armut
Meistens Nacht

Er zieht seit vielen Jahren um
Er war mal was
Er ist nicht dumm
Der Alkohol wärmt Sorgen fort
Und Ängste auch
Und manches Wort

Im Wohnungsamt lehnt man ihn ab
Ein Säufer, der so gar nichts hat
Man will ihn nicht
Man schickt ihn fort
Und wieder zieht er durch den Ort

Die Straße ward zur Heimat ihm
Sein Leben aber: ohne Sinn
Einst wollt´ er mal so hoch hinaus
Am Ende blieb das Hinterhaus

Seit Tagen streikt die Leber sehr
Die Freundin weint
Es ist so schwer
Er bricht zusammen irgendwo
Er kann nicht mehr
Das ist wohl so

Von seinen Träumen blieb nicht viel
Kein Platz zum Leben
Und kein Ziel
Im Winter fror er sich bald tot
Es wärmte ihn nur Schnaps
Sein Brot

Gestorben ist er irgendwann
Im Krankenhaus
Als armer Mann
Er hat gehofft, geweint, gelacht
In seinem Heim
Im Brückenschacht

Die Beisetzung war still und trüb
Nur eine blieb
Sie hat ihn lieb
Sie weinte lang am kleinen Grab
Das einsam traurig vor ihr lag

Die Sonne scheint auf diese Stadt
Scheint warm und ruhig auf sein Grab
So einsam ist's am Brückenschacht
Der Wind ist kalt
In jeder Nacht

Schnee auf Usedom

Der Wind pfeift über Baum und Strande
Die Gräser wiegen her und hin
So einsam ist´s hier auf dem Lande
Auf Usedom
Im Ufersande
Und Schnee treibt übers Meer dahin

Da sind so viele Traurigkeiten
So manche Träne rinnt dahin
Ich wollte fliehen in die Weiten
Auf Usedom lass ich mich treiben
Ach, irgendwie zerschellt mein Sinn

Such nach der Heimat, die mir fehlte
Da war so vieles schlimm und fremd
Und als ich mich tagtäglich quälte
Hab´ ich vergessen, was noch zählte
Hab´ ich gekämpft ums letzte Hemd

Doch fehlte es an Luft und Liebe
So ging ich fort
Kam bald hierher
Wohin es geht
Wohin ich ziehe
Ist noch nicht klar
Jetzt in der Frühe
Ganz tief im Herzen ward es leer

Noch immer friert der Wind den Morgen
Noch immer schau ich übers Meer
Noch immer sind in mir die Sorgen
Schnee fällt auf Usedom
Im Norden
Und Wolken hängen tief
Und schwer

Das bisschen Leben

„Was ist geschehen", fragte sie
Man wusste nicht mal wann und wie
Das Kind lag tot im Garten dort
Der Tag war trüb
Ein schlimmer Ort

Die Mutter schwieg
Sie sagte nichts
Das bisschen Leben – fern des Lichts
Es war doch eine schöne Zeit
Ihr Kind und sie
Ein Glück zu zweit

So viel erlebten sie
So viel
Ihr Kind Zuhause und beim Spiel
Sie schaut´ die Fotos lange an
Und weinte auch – so dann und wann

Erinnerungen sind so tief
Das bisschen Leben
Nichts ging schief
Doch traf ihr Kind des Teufels Sohn
Und alle Hoffnung ward zum Hohn

Was ist das Leben
Was der Sinn
Warum das Leben
Wo geht's hin
Hat Leben irgendeinen Zweck
Ist es am End´ vielleicht nur Dreck

Sie schwieg
Sie wusst die Antwort nicht
Wohin sie ging
Man weiß es nicht
Ihr Kind, die Urne nahm sie mit
Vom Leben blieb ihr nicht ein Stück

So oft sucht man nach einem Ziel
Ist Leben ernst
Ist´s doch nur Spiel
Das bisschen Leben scheint nicht lang
Wohl weint man oft
So dann
Und wann

Der Terrorist

Er war ein ganz normaler Mann
In blauen Jeans und weißem Hemd
Gern sah er sich Museen an
Der ganz normale nette Mann
Ihm war's egal, ob man ihn kennt

Er hatte Arbeit, irgendwo
Mit seinem Geld kam er gut aus
Er war für alles, einfach so
War traurig manchmal, öfters froh
Er lebte in 'nem schönen Haus

Doch irgendwann schien alles trüb
Manch Langeweile schlich sich ein
Das, was ihm einstmals gut und lieb
Schien plötzlich schlecht, total verglüht
Er wollte richtig böse sein

So vieles sah er im TV
Manch Mörderclique fand er toll
Er war nicht dumm und auch nicht schlau
Doch, was er wollt, wusste er genau
Er hatte längst die Schnauze voll

Denn all der öde Biederkram
Mit Haus und Auto, Frau und Kind
Das alles kotzte ihn längst an
Nie mehr ein artig braver Mann
Er wollt dorthin, wo Kriege sind

So zog er fort aus seiner Stadt
Ins ferne Land, zum Mörderclan
Das Leben hatte er so satt
Er wollte stark sein und nicht matt
Und kam bald in der Ferne an

Dort freute man sich wirklich sehr
Ein neuer Kämpfer – oh wie fein
Er kam so arglos, stark daher
Ihm fiel der Wechsel gar nicht schwer
Aus seinem Herz doch ward ein Stein

Man gab ihm ein Gewehr sodann
Und Sprengstoff für den großen Knall
Er war einst ein normaler Mann
Der sah sich gern Museen an
Doch ändert sich´s so Fall auf Fall

Man schickte ihn flugs wieder fort
Zum Menschentöten für den Sieg
Er flog nach Haus, zum Heimatort
Mit reichlich Sprengstoff – wie ein Sport
Von dem am End nichts übrig blieb

In seiner Stadt, wo er mal froh
Sollt er nun morden voller Spaß
Er war für alles, einfach so
War er nun glücklich oder froh
War wirklich da nur Wut und Hass

Er setzte sich ins Kino dann
Die Leute kamen, lachten laut
Er war doch ein normaler Mann
Er sollte töten, jetzt, nicht dann
Er spürte seine Gänsehaut

Und er zog schnell am Sprengstoff-Gurt
Gleich kracht es laut mit Feuerball
Doch schien wohl irgendwas verzurrt
Ein Blitz zerriss den Todes-Gurt
Und traf ihn selbst mit vollem Drall

Er sackte weg
Der Tod kam schnell
Die Menschen rannten ängstlich raus
Im Kino ward es wieder hell
Sein Ende kam wohl ziemlich schnell
Sieht so ein Heldensterben aus

Er war ein ganz normaler Mann
In blauen Jeans
Mit weißem Hemd
Er wollte stark sein, irgendwann
Er sollte töten, jetzt, nicht dann
Er schaffte, dass ihn jeder kennt

Der Mann im Wald

Auf dem Baumstumpf, da im Walde
Sitzt er oft und gern – allein
Es ist gleich hinter der Halde
Bis die Nacht sitzt da der Alte
Und man fragt:
Muss das so sein

Vor zehn Jahren war´s im Orte
Da verlor er Haus und Hof
Er war keiner von der Sorte
Die gemacht zu große Worte
Den man schimpfte faul und doof

Seine Frau nahm ihm die Kinder
Schnell war auch das Haus verkauft
Als dann kam der kalte Winter
Ging er fort
Er war kein Sünder
Ohne Geld
Und nicht getauft

Lang und weit ist er gezogen
Bis er fand den dichten Wald
Von der Welt zu lang belogen
Ist er ziellos rumgezogen
Und die Städte waren kalt

Zwischen dichten Weihnachtstannen
Fand er das, was ihm gefehlt
Alles Unglück schien von dannen
Hier im Wald, wo Vögel sangen
Wusste er, was wirklich zählt

Die Natur gab neues Leben
Gab ihm auch sein Ich zurück
Zwischen Bäumen
Aller Segen
Dort im Baumhaus ewig schweben
Dieser Wald – sein größtes Glück

Mit dem Taschenmesser streicht er
Marmelade übers Brot
In dem Töpfchen Kaffee, dünner
Zwischen Ästen – Sternenschimmer
Wer nichts hat
Kennt keine Not

Doch es gibt wohl auch die Tage
Wo er gern bei Frau und Kind
Nein, er stellt sich keine Frage
Und da gibt's auch keine Klage
Wenn leis säuselt manch ein Wind

All die Jahre, all die Zeiten
Und sein Job in dieser Bank
All das sollte so nicht bleiben
Und die Stadt hat viele Kneipen
Weil die Seele schwach und krank

Keinem muss er heut was bieten
Haus und Auto
Super-Job
In der Stadt sind hoch die Mieten
Nur im Wald duften die Blüten
Weil hier lebt der liebe Gott

Manchen Regen hat's gegeben
Schnee und Hagel
Donner Blitz
Jener Wald – das pure Leben
Wo die Spinnen Netze weben
Mancher Frosch in seichter Pfütz

Irgendwann
Und wo im Walde
Sitzt er oft und gern und träumt
Es ist gleich hinter der Halde
Bis die Nacht sitzt da der Alte
Und er hat wohl nichts versäumt

Fahrstuhlstopp

Im Fahrstuhl zwischen Hoch und Runter
So zwischen zwei Terminen – kurz
Da wart' ich, gar nicht froh und munter
Im Lift, so zwischen Rauf und Runter
Und mancher Witz scheint weit und schnurz

Auf einmal stockt der Lift, bleibt stehen
Im Nirgendwo
Ich weiß nicht wo
Wann wird das Ding wohl weitergehen
Ganz plötzlich fängt sich's an zu drehen
Mir wird's recht schwindelig und so

Ne alte Frau steht da und wartet
Sie schaut mich an mit starrem Blick
Ich hoff, dass dieser Lift bald startet
Und jene Frau, die seufzt und wartet
Wann endet dieses Missgeschick

Die Alte scheint das wohl zu spüren
Sie sagt: „Ach Jungchen, du hast Zeit"
Ich weiß, ich sollt' mich wohl nicht zieren
Was kann ich hier wohl schon verlieren
So manche Stunden ziehn sich weit

Wir reden über Das und Dieses
Ich lehn mich an die Fahrstuhltür
Wir sprechen über Gutes, Mieses
Im Leben gibt's so manches Fieses
Im Fahrstuhl zwischen Dort und Hier

Ich schau zur Uhr, muss plötzlich grinsen
Hier drin scheint nichts mehr wichtig, ach
So vieles ging mir in die Binsen
Oft schmeckten nicht mal Mittagslinsen
Und manchmal schien ich kaum noch wach

Die alte Frau nahm meine Hände
„Nehms nicht so schwer, das hilft dir nicht"
In jenem Lift, wo kühl die Wände
Hielt sie voll Güte meine Hände
Es flackerte das Fahrstuhllicht

Ja, da begriff ich, was sie meinte
Ich sollte viel mehr leben noch
Was mich mit dieser Frau vereinte
War der Gedanke
Und ich weinte
Wann ging´s im Fahrstuhl runter, hoch

Ein starker Ruck, dann ging es weiter
Recht schnell sprang auf die Fahrstuhltür
Ich sah den Tag, er war so heiter
Und irgendwie schien ich gescheiter
Seit jenem Fahrstuhlstopp all hier

Ich tauchte ein in Stadt und Leben
Oft fiel mir ein der Alten Wort
Von Herz und Seel konnt ich was sehen
Erinnerung an manches Schweben
Im Fahrstuhl zwischen
Hier und Dort

Die Wärterin

Im Spiegel sieht sie ihr Gesicht
Im Knast-Büro am Rand der Zeit
Es ist nicht hell
Gefängnislicht
Die anderen verstehn sie nicht
Die Freiheit nah
Und doch so weit

Gleich Einschluss und dann muss sie raus
Die Häftlingsfrauen wollen viel
Hier drin in diesem engen Haus
Sieht Vieles so viel anders aus
So manches dort ist ernst, nicht Spiel

All ihre Sorgen sind nicht da
All das verbirgt sie gut und schlecht
Hier drin im Knast scheint vieles klar
Für andere ist sie wohl Star
Sie ist es nicht
Sie ist nur echt

Sehr streng scheint sie – ihr Ton recht hart
Unmissverständlich, was sie will
Und draußen wird sie auch nicht zart
Ein Wechsel zwischen hart und smart
Und manchmal wird sie ziemlich still

Ist Haar – ganz kurz
Und auch schon grau
So viele Sorgen sieht sie oft
Vielleicht ist sie 'ne starke Frau
Man hört auf sie
Sie ist genau
Bis an die Seel die Sehnsucht klopft

Und wenn sie weint, dann sieht man's nicht
Im Knast sind Tränen sehr verpönt
Gleich Einschluss, das verpasst sie nicht
Im seltsam müden Knast-Flur-Licht
So Vieles klar
Und nichts geschönt

Noch schaut sie in den Spiegel
Schweigt
Ist dieser Knast schon ihr Zuhaus'
Da ist nicht viel, was da noch bleibt
Ein klares Leben
Sie ist frei
Gleich Einschluss
Und sie muss jetzt raus

Familiendrama

Sie lebte gut am Waldesrand
Mit Kindern, Gartenteich und Job
Ein schönes Haus dort, auf dem Land
Jetzt ist sie tot
Was für ein Schock

Man fand sie hinterm Haus
Im Teich
Das Wasser war vom Blut so rot
Sie war erfolgreich
Doch nicht reich
Man schoss sie nieder
In den Tod

Vom Mann war sie schon lang getrennt
Die beiden Kinder noch sehr klein
Der Nachbarn war sie niemals fremd
Sie war sehr nett
Trank manchmal Wein

Doch eines Tages in der Nacht
War da ein Fremder
Wars ein Freund
Hat Zutritt sich zum Haus verschafft
Ein Schuss, kein Schrei
Und ausgeträumt

Man fragte alle Nachbarn aus
Doch keiner hat den Mord vollbracht
Jetzt steht es leer, das kleine Haus
Und dunkel wird's dort in der Nacht

Da fand die Waffe man im See
Daran ein winzig kleines Schild
Als fiel der erste Winterschnee
Hat sich der letzte Fluch erfüllt

Die Schusswaffe war registriert
Auf einen Mann
Den Ehemann
Wohl hat er alle angeschmiert
Er kam und hasste
Schoss sodann

Man nahm ihn fest
Und er gestand
Er wollt die Kinder ganz für sich
Als er die Kleinen nirgends fand
Hat er geschossen
Fürchterlich

Sie war an einem falschen Tag
Am falschen Ort
Zur falschen Stund
Ihr Mann wollt alles, ohne Frag
Er war nicht krank
Und nicht gesund

Er weinte, als er das gestand
Die Kinder kamen schnell ins Heim
Ab jenem Tag, als man sie fand
Sollts niemals mehr wie früher sein

Nur eine Meldung im TV
Ein Drama irgendwo im Land
Sie war ´ne Mutter
Eine Frau
Ein Schicksal nur
Am Waldesrand

Die Weihnachtsfrau

Die Tür fiel zu, er ist jetzt fort
Er ging, er floh ganz ohne Wort
Sie hielt den Rücken ihm stets frei
Jetzt scheint dies alles einerlei

Die fremde Frau, dies Flittchen, ach
Das gab ihm flugs ein neues Dach
Er fiel drauf rein und sagte kühl,
Das alles hier ihm nicht gefiel

Die Einsamkeit in jenem Haus
Macht sie zur wirklich grauen Maus
Die Kinder sind längst irgendwo
Und alles scheint nur "einfach so"

Sie fühlt sich hilflos, krank und schlecht
Sie macht es allen immer recht
Das große Haus – er wollt es nicht
Die Ehejahre gibt's wohl nicht

Das Regenwasser tropft herab
Und wäscht die Fensterscheiben ab
Sie schaut zum Wald gleich hinterm Haus
Sieht so die tolle Zukunft aus

Am nächsten Morgen ist es still
Kein Mann, kein Kind, auch sonst nicht viel
Da, in der Zeitung wie ein Hohn:
Man sucht nach Weihnachtsmännern schon

Und weil mit Fünfzig sie zu alt
Für einen Job, für Arbeit halt
Wischt sie die Tränen vom Gesicht
Und geht hinaus
Und trauert nicht

Nach frischen Schrippen sehnt sie sich
Nach Kaffeeduft, nach Tageslicht
Nach einem Wort, nach einem Ziel
Sie will jetzt raus, das ist nicht viel

Dort taucht sie ein ins Menschenmeer
In ihrem Kopf ist nichts mehr leer
Sie weiß jetzt, was sie wirklich will
Sie hat noch Würde, Kraft und Stil

Schlägt ein den Weg zum Arbeitsamt
So viele sind dort unerkannt
Sie redet viel und weiß genau:
Sie wird nun eine Weihnachtsfrau

Auch wenn sie raus aus dem Beruf
Hört sie den lauten, stummen Ruf:
Los, zeig es allen endlich, jetzt
Du bist ein Mensch
Wenngleich verletzt

In einer Garderobe dann
Zieht sie das Weihnachtskostüm an
Spürt plötzlich, dass man sie noch braucht
Es hilft nichts, wenn man untertaucht

Sie will was tun
Denn sie ist da
Fast alles scheint ihr wunderbar
Als Weihnachtsfrau am Weihnachtstag
Stellt ihr manch´ Kind so manche Frag

Ja, endlich ist sie wieder frei
Und hat auch wieder Spaß dabei
Als Weihnachtsfrau am Weihnachtsmarkt
Hört man ihr zu, denn sie ist stark

Am Heiligabend irgendwann
Trifft sie auf einen Weihnachtsmann
Der lebt allein mit seinem Kind
In einem Haus,
Wo Kühe sind

Die beiden treffen sich nun oft
Sie spürt ihr Herz, es klopft und klopft
Ein neues Leben sie nun hat
In ihrer Welt
In dieser Stadt

Die Weihnachtsfrau
Der Weihnachtsmann
Sind wieder glücklich, froh sodann
Wenn alles Leben stehenbleibt
Muss man hinaus
Denn es ist Zeit

Zwei Frauen

Am Straßenend´ der dunklen Stadt
Da lebte sie, so ziemlich schlecht
Da, wo kein Name Namen hat
War sie in Not
In jener Stadt
Sie schaffte an – mehr schlecht als recht

Das Geld zu knapp, die Sorgen groß
Manch´ Wünsche lange nicht mehr da
So viele küssten ihren Schoß
Oft dachte sie: „Was mach ich bloß?"
Und es geschah, was da geschah

Am andern Ende jener Stadt
In einem Festsaal riesig, schön
Saß die Ministerin am Tisch
Es gab viel Schampus, Creme und Fisch
Wild wollt sie sich im Tanze drehn

Weit alle Sorgen, weit die Not
Sie hatte Geld und Macht und Freud
Nie war da Angst ums Täglich-Brot
Und ihre Lippen glänzten rot
Ach, aller Ärger lag so weit

Doch plötzlich ward es schwindlig ihr
Sie stürzte, fiel und lag so da
Es war des Nachmittags, nach 4
Da ward es plötzlich übel ihr
Man brachte sie ins Krankenhaus

Auch jene Vorstadt-Lady fiel
Ihr ging´s so schlecht wie selten mal
Ihr Freier floh, ganz ohne Stil
Er zahlte nicht
Es war nicht viel
Ihr ging´s nicht gut – was für ´ne Qual

So lagen beide Frauen dann
Im Krankenhaus nur Wand an Wand
So dicht an dicht und nebenan
Warn sie sich ziemlich nah sodann
Die eine bald zur andern fand

In jener Nacht, der Mond stand hoch
Da schlichen heimlich sie sich raus
Ein Mondlicht übern Parke kroch
Die beiden Frauen
Kränklich noch
Sie trafen sich im Park am Haus

Zwei Blicke musterten den Ort
Zwei Welten in der Dunkelheit
Noch fiel kein Satz
Noch fiel kein Wort
Zwei Frauen zwischen Hier und Dort
Und alles Schicksal schien so weit

Sympathisch fanden sie sich bald
Sie sprachen über dies und das
Zwar war die Dunkelheit recht kalt
Doch fühlten sie sich jung, nicht alt
Hier draußen zwischen Nacht und Spaß

Wenn auch die Unterschiede stark
Warn sie da draußen ziemlich gleich
Sie fühlten sich so leicht und stark
In jenem kleinen Schicksals-Park
Dort zählte weder Arm
Noch Reich

Todmüde schlichen sie zurück
In ihre Zimmer, ihre Welt
Für kurze Zeit ein wenig Glück
Vom Leben auch ein kleines Stück
Ein wenig Menschsein, das noch zählt

Nach einem Jahr
Zur gleichen Stund
Sahn sich die Frauen irgendwo
Sie schienen leicht und auch gesund
Geändert war längst Job, Mann, Hund
Fürs neue Leben
Einfach so

Gemeinsam wanderten sie aus
Ins ferne Land
Wo´s warm und blau
Vorbei manch´ Armut,
Saus und Braus
Sie bauten sich ein Ranger-Haus
Die eine und die andere Frau

An der Grenze

Tagtäglich ist sie unterwegs
Sie ist noch jung, scheint doch so alt
Mit scharfem Auge wacht sie stets
Auf schmalem Pfad
Nach vorne geht's
Am Felsen und tief drin im Wald

Die Grenze zieht sich ewig hin
Da, Nordkorea, gar nicht weit
Warum die Grenze
Welcher Sinn
Sie schaut nach drüben traurig hin
Und es vergeht die Zeit
Die Zeit

Sie muntert die Soldaten auf
Die warten schon an ihrem Platz
Mit ihrem Pickup fährt sie rauf
Auf manchen Felsen
Obendrauf
Dies weite Land
Was für ein Schatz

Und manchmal weint sie einfach so
Die Grenze ist so mörderisch
In Süd und Nord ist man nicht froh
Konflikte gibt es einfach so
Nur Schweigen, Tränen
Lediglich

Ich seh sie lachen irgendwann
Als sie vom fernen Frieden spricht
Mit ihrem Pickup fährt sie dann
Den nächsten Stützpunkt leise an
Und ihre Hoffnung nie erlischt

Ich schau nach Norden
Greifbar nah
Versteh nicht deren Wut und Hass
Es sind doch Brüder
Schwestern gar
Sie sind doch eins
Das ist doch klar
Ein lauer Wind streicht übers Gras

Doch dann muss sie schon wieder fort
Ich wink ihr noch
Sie schaut zurück
Was für ein rätselhafter Ort
Die starke Frau mit starkem Wort
Und sie fährt runter
Dann hinauf

Der Blinde
(Erinnerung an Ammerum)

Er sah mich an und sah mich nicht
Er sah mir mitten ins Gesicht
Ich spürte seinen Blick, der stumm
In seiner Welt
Auf Ammerum

Ich dacht mir oft: Ach, der ist blind
Doch wusste er, wo wir gerad sind
Er kannte sich hier bestens aus
In diesem fremden – seinem Haus

„Schließ deine Augen", rief er laut
Ich tat's und nichts war mehr vertraut
Ich stolperte und fiel auch hin
Er lachte laut
Das machte Sinn

Tagtäglich dunkel, wenn es hell
Tagtäglich langsam
Nie mehr schnell
Er wusste, wie's mal früher war
Er war erst zweiundvierzig Jahr

Ich hielt ihn fest, wenn er schon fiel
Für mich wars leicht
Für ihn kein Spiel
Und einmal hielt er meine Hand
Ich hatte seine Angst erkannt

So zwischen Nacht
Und wieder Nacht
Hab ich ihn auch ins Bett gebracht
Er schloss die Augen, weinte leis
Und fluchte über all den Scheiß

Für mich wars dunkel, Nacht und Traum
Er träumte nicht
Und schlief wohl kaum
Am nächsten Morgen war er wach
Und freute sich auf jenen Tag

Oft stand im Regen er allein:
Die Tropfen fühlen, die wie Wein
Er legte sich in manchen Wind
Und sang und sprach, er sei ein Kind

Wenn draußen dann die Sonne stach
Schien er wie tot
Schien er halbwach
Dann schrie er in den Sommertag
Er läge schon im Totensarg

Ich fragte mich so dann und wann
Wer ist hier schwach
Wer stark sodann
Er war mehr Mensch als ich´s je war
Sein Sinn viel klarer noch
Als klar

Und plötzlich sah auch ich den Tag
Wie ich ihn nie gesehen hab
Wie Wolken flohen vor dem Mond
Wie Wind das Feld pflügt, das aus Mohn

Wir schwiegen oft von früh bis Nacht
Doch wussten wir,
Wer weint,
Wer lacht
Wenn man nichts sieht, dann fühlt man viel
Die Zwischenräume
Start und Ziel

So wie manch´ Farbe er erklärt
War mir einst fremd
Fast wie versperrt
Das Blau, das Rot – ich sah´s ganz neu
Er lachte nur
Und ich ward scheu

Wir sprachen über dies und das
Die Zeit verging
Sie machte Spaß
Und irgendwann, da war sie um
Ich musste fort von Ammerum

Er meinte noch, er käme klar
Er war zwar blind, nicht in Gefahr
Die Vögel sprachen dann zu ihm
Und brachten ihm den Lebenssinn

Er sah mich an
Und sah mich nicht
Er sah mir mitten ins Gesicht
Ich fühlte seinen wachen Blick
Ich denk sehr oft an ihn zurück

Ein Stückchen Hoffnung

Es war am Rand der großen Stadt
Da lebte er mit sich allein
Dort, wo die Welt nichts Warmes hat
Hat er gelebt, allein, nicht satt
Er wollt es nicht
Es musste sein

So manchen Joint am Morgen schon
Den er gefunden irgendwo
Er triebs mit manchem Hurensohn
Für wenig Geld
Was macht das schon
Ein Stückchen Leben
Oder so

An einem Tag, der anders schien
Fand er den Mann
Der ihm gefiel
Er zog mit ihm mal her,
Mal hin
Es machte alles einen Sinn
Vielleicht war das sein neues Ziel

Der fremde Kerl hat ihn gemocht
Er fand ihn lustig sicherlich
Er hatte ihm mal was gekocht
Dort, wo der Specht ins Holze pocht
Da sagte er: "Ich liebe dich"

In seinen Armen träumte er
Von manchem Glück
Vom fernen Land
Mit diesem Mann ans blaue Meer
Ein Stückchen Leben, das nicht leer
Ein bisschen nur die fremde Hand

Doch irgendwann als Regen fiel
War jener Fremde plötzlich fort
Und wieder neu
Das alte Spiel
So arm und einsam, ohne Ziel
An einem kalten, stillen Ort

Ein Stückchen Hoffnung war da noch
Er dachte an den Fremden oft
Das hielt ihn fern
Von manchem Loch
Das schmolz dahin ganz sacht jedoch
Manch´ Träne aus den Augen tropft

Bald zog er weiter seinen Weg
Am Rand der Stadt mit seinem Joint
So Vieles schien vom Wind verweht
Sein Leben wohl total verdreht
Auf keiner Suche nach ´nem Freund

Ein Husten quälte plötzlich stark
Das Blut lief ihm aus Nas´ und Mund
Der Hölle nah an Nacht und Tag
Er hielt sich noch
Hat nicht geklagt
Sein Leib so krank
Die Seele wund

Halbtot und schwer
Fast wie ein Stein
Versank er unterm Blätterdach
Am Rand der Stadt
So sollt es sein
Nur er, sein Traum, der Mondenschein
Noch nie war er so hell und wach

Es war am Rand der kalten Stadt
Als er die Augen leise schloss
Dort wo der Wald noch Träume hat
Verschwand er still
Vom Leben matt
Ein Stückchen Hoffnung
Gar nicht groß

Letzte Reise

Es war so im Oktober
Der Regen wusch manch' Zeit
Da hat sie sich erinnert
An jenen jungen Mann
Der einst dies Land befreit
Der Regen wusch die Zeit
Und er ging fort sodann

Sie war schon um die Achtzig
Sanft spürte sie etwas
Es waren viele Jahre
Sie hatte weiße Haare
Da war noch irgendwas
Gesichter tränennass
Der Wind blies leis, der klare

Da packte sie die Koffer
Sankt Petersburg ein Ziel
Von dort gings mit dem Bus
Weit fort zum Weltenschluss
Es war wohl gar nicht viel
Für sie kein leichtes Spiel
Im dichten Regenguss

Es gingen viele Jahre
Der Regen wäscht die Zeit
Da hat sie sich erinnert
An jenen jungen Mann
Ach, Russland ist so weit
So schnell vergeht die Zeit
Und sie ging fort sodann

Der Fremde

Ein ziemlich dunkler Regentag
Ich war in einer Kirche
Wohl
Ich betete so manche Frag
Und hatte auch so manche Klag
Und jedes Wort verklang nur hohl

Da ging die Türe auf sodann
Ein Mann in Schwarz trat wortlos ein
Es war ein unbekannter Mann
Er lief zum Altar irgendwann
Sein ganzes Antlitz schien so rein

Lang schaute er sich schweigend um
Der Pfarrer kannte ihn wohl nicht
Die Zeit verging,
Leis bliebs und stumm
Doch schwang ein leises Wort:
Warum
In seinen Augen spielte Licht

Ernst blinzelte nach oben er
Begann ein Lied zu singen, ach
Ein leiser Song,
Der gar nicht schwer
Im Herzen ward es nicht mehr leer
Zog in die Welt,
Durchs Kirchendach

Das Lied verklang
Der Fremde schwieg
Dann schritt er langsam,
Still hinaus
Es war ein wundersames Lied
Das lang in meiner Seele blieb
Es war so fern von
Saus und Braus

Als jemand nach dem Fremden sah
War er lang fort
Und nirgends mehr
Das Lied war aus
Und noch so nah
Doch niemand mehr den Fremden sah
Wer war das nur
Wo kam er her

Seitdem sing ich zum Gott-Gebet
Ein leises Lied vorm
Altarbild
Ich hoffe,
Dass Gott mich versteht
Der Fremde schien
Vom Wind verweht
Doch hat die Seel er mir
Erfüllt

Düsternis

Düsternis klebt in der Stadt
Wo du harrst,
Wo´s nichts mehr hat
Einsamkeit und Starre nur
Und dein Wunsch verhallt so stur

Du willst fort aus diesem Nest
Wo die Zeit gefahren fest
Wo die Dummheit kriecht ums Eck
Wo die Nachbarschaft wie Dreck

Abscheu lähmt den Leib
Den Sinn
Dieses Kaff ist kein Gewinn
Ängste lähmen deinen Geist
Der längst in die Ferne streift

Warum straft dich Gott nur so
Warum bist du nicht mehr froh
Warum kommst du hier nicht fort
Warum dieser miefig´ Ort

Eine Antwort gibt es nicht
Schweigen nur
Und kaum ein Licht
Dunkle Straßen,
Regennass
Tränensang
Und welkes Gras

Eines Tages aber dann
Ziehst du deine Jacke an
Steigst ins Auto
Und hast Mut
Und fährst los
Und es wird gut

Lisa

Lisa,
Eine Frau vom Osten
Einstmals tiefste DDR
Wollt vom Wohlstand auch mal kosten
Doch das Leben ward sehr schwer

Immer wieder ohne Arbeit
Arbeitslos
Ein Schimpfwort bald
Ziemlich fern manch' schlaue Klarheit
Lisa stand ganz tief im Wald

Einst als Weberin erfolgreich
Den Betrieb gabs längst nicht mehr
Nun im Westen wenig glorreich
Wo kam neue Arbeit her

Auf dem Arbeitsamt die Blöde
Die Vermittlerin
Die Wut
Lisa fand das dumm, plump, schnöde
Und sie wusste:
-Ich bin gut-

Doch woher die Arbeit nehmen
Wenn man über 50 ist
Hilfsarbeiter
Tüten kleben
Weil sonst nichts zu holen ist

Eines nachts jenseits vom Traume
Zog sie sich was „Geiles" an
An der Straße,
Unterm Baume:
Manche Frauen
Mancher Mann

Ja, so lief sie stracks dort runter
Stellte sich recht lecker auf
Plötzlich warn die Nächte bunter
Weil sie selbst stand zum Verkauf

Sie kassierte ein Vermögen
Alles schien so wunderbar
Klar, das war wohl nix für jeden
Auf dem Strich ward sie ein Star

Nur die Liebe starb ganz leise
Nein, sie fühlte gar nichts mehr
Und so ging sie auf die Reise
Ganz weit weg
Ans ferne Meer

Mit dem Geld
Mit dem Vermögen
Kaufte sie ein kleines Haus
Dort am Strand,
Da wollt sie leben
Alles sah so anders aus

Plötzlich spürte sie im Herzen
Was sie fühlte
Was noch zählt
Lag im Schein von hundert Kerzen
Froh am Strand
In ihrer Welt

Lisa hat den Traum gefunden
Jenseitig der tristen Welt
Leben will sie
Unumwunden
Ohne Mann
Und
Ohne Geld

Schneesturm

Sie fragte ihn:
Wo willst du hin
Erstarrt sah er ihr ins Gesicht
Es hatte wohl auch keinen Sinn
Er wollte fort
Egal
Wohin
Und trübe schien das Kerzenlicht

Er zog sich an,
Lief schnell hinaus
Ein Schneesturm kühlte sein Gesicht
Im Eiswirbel nicht Mann,
Nicht Maus
Es war so kalt,
Ein wahrer Graus
Am kleinen Bahnhof brannte Licht

Auf Bahnsteig Drei
Stand noch ein Zug
Der Schnee verwirbelte die Zeit
Ein Alptraum
Oder
Selbstbetrug
Vom Alltag hatte er genug
Für eine Nacht
Vom Zwang befreit

Ein junger Mann mit schwarzem Schal
Kam auf ihn zu,
Umarmte ihn
Sie sahen sich das erste Mal
Und küssten sich ganz ohne
Qual
Und plötzlich machte alles Sinn

Vom Schneegestöber eingehüllt
Da liebten sie sich
Heftig, heiß
Manch´ ferner Traum schien da erfüllt
Ein Liebesbrief
Im Schnee zerknüllt
Die Liebe schmolz die Nacht,
Das Eis

Bleibst du bei mir – so fragte er
Der andere Mann blieb still und
Schwieg
Noch einen Kuss,
Der leicht und
Schwer
Dann war der Bahnsteig menschenleer
Und niemand aus dem Zug mehr stieg

Der Schneesturm fauchte dumm und
Klug
Der Zug fuhr ab
Ins Nirgendwo
War alles nur ein Selbstbetrug
Wenn man vom Alltag hat genug
Gibt's Leben nur im
Anderswo

Er schlug den Kragen hoch und ging
Ihm war nicht kalt
Auf Bahnsteig Drei
Der Schneesturm sich im Nichts verfing
Ein bisschen Liebe nur,
Ein Sinn
So vieles scheint oft
Einerlei

Noch einmal drehte er sich um
Da war kein Zug,
Kein Mann,
Kein Kuss
Die Flocken wirbelten recht krumm
Er lief nach Hause
Lächelnd,
Stumm
Weil das so ist
Weil man's so
Muss
???

Die Löwin

Ein Hauch ist ihr geblieben
Von ihm,
Von seinem Ich
Das Leben hat geschrieben,
Ihn in den Tod getrieben
Ein Schock ganz sicherlich

Im Feuer schnell gestorben
Nur Asche blieb vom Haus
Dies Leben scheint verloren
Wo auch ihr Blick erfroren
Ein Mahnmal und
Ein Graus

Nun wird sie weiterziehen
Mit ihrem Kind,
So klein
Ein Hauch ist ihr geblieben
Ihr Leben hat geschrieben
So sollt es nimmer sein

In Nächten und an Tagen
Hört sie von Fern ein Lied
Wohl bleiben tausend Klagen
Wohl bleiben so viel Fragen
Wird's heller
Bleibt es trüb

Ja, sie wird weiterziehen
Das ist bei ihr so Brauch
Mit ihrem Kind,
Dem lieben
Ihr Leben hats geschrieben
Ihr blieb im Herz
Ein Hauch

Nackt

Unbekleidet stehst du da
Vor dem Spiegel deines Lebens
Nichts ist mehr, wie es mal war
Alles, was du hoffst, scheint dir vergebens
Hier am steilen Abgrund deines Lebens
Und du suchst nach einem neuen Halt

Doch
Du bist nackt
Du hast es nicht gepackt
Du bist nackt
Irgendwo versackt
Nichts mehr im Takt
Und du bist nackt

Alleingelassen fühlst du dich
Hier am Abgrund deines Lebens
Alle ließen dich total im Stich
Alles, was du warst, scheint lange vergebens
In jener der Hölle deines Lebens
Deine Träume nagen fürchterlich

Doch
Du bist nackt
Du hast es nicht gepackt
Du bist nackt
Irgendwie versackt
Nichts mehr im Takt
Du bist nur nackt

Dunkelheit um dich herum
Wabert durch deine kranke Seele
Du bist atemlos und stumm
Alles, was du wolltest, nur noch vergebens
Hier am Ende deines wilden Lebens
Alle Wege scheinen schief und krumm

Denn
Du bist nackt
Du hast es nicht gepackt
Du bist nackt
Irgendwann versackt
Nichts mehr im Takt
Denn du bist nackt

Ist noch Hoffnung in dir drin
Wenn die letzten Träume sterben
Macht das Leben doch noch Sinn
Ist alles, was bleibt, wirklich vergebens
Hier an der Kreuzung deines Lebens
Wo treibts dich letztendlich hin

Noch
Bist du nackt
Noch hast du´s nicht gepackt
Du bist nackt
Noch immer versackt
Noch nichts im Takt
Bleibst du so nackt

Ihre letzte Stunde

Nur noch dieses eine Mal
Will den Spiegel sie nicht missen
Nur noch diese letzte Qual
Nein, sie hatte keine Wahl
Musste sie fürs Leben büßen

Nur noch diese letzte Stund
Nur noch einmal richtig feiern
Ihre Seele:
Tot und wund
In der Ecke jault ein Hund
Ihre Zeit scheint hart und bleiern

Nur noch diesen einen Sekt
Auf die Liebe
Auf das Leben
Wenn das Herz die Sehnsucht weckt
Scheint manch´ Segen wie geleckt
Will die Kraft dir alles geben

Doch sie wankt halbnackt zum Klo
Ihr ist schlecht
Ihr ist zum Kotzen
Nachts will schlafen sie im Stroh
Wieder träumen sowieso
Doch ihr ist nach Schreien,
Motzen

Zittern schlägt durch ihren Leib
Atemnot friert zu die Lungen
Sonst ist sie ein Rasseweib
Mit ´nem Super-Sexy-Leib
Doch jetzt bleiben ihr nur Stunden

Wie wird's sein im kalten Tod
Wie wird sein dies lange Sterben
Wird es weiß
Wird's höllenrot
Gibt's dort endlich Himmelsbrot
Nein, sie hat nichts zum Vererben

Wald, Feld, Stadt noch einmal spürn
Nochmal durch die Läden ziehen
Nachts sich selbst nochmal verführn
Sich im „Irgendwo" verliern
Vor Gespenstern ängstlich fliehen

Und sie steigt hinauf die Leiter
Hoch aufs Dach der großen Welt
Nein, dort oben geht's nicht weiter
Heut ist's sonnig
Heut ist's heiter
Dort braucht sie nicht Ruhm,
Nicht Geld

Langsam schließt sie Aug und Mund
Lässt sich leicht und samtig fallen
Wohl ist's ihre letzte Stund
Jetzt ward ihre Welt kreisrund
Jetzt zeigt sie es wirklich allen

Kurz danach ist es vorbei
Sie ist weg,
Weit fortgeflogen
Nur noch Schweigen – einerlei
Alle Träume – längst vorbei
Und das Dach ist zugefroren

Das Stückchen Leben

Das Stückchen zwischen Nacht und Tag
Das Bisschen zwischen Schwarz und Hell
Ein Stückchen Leben
Das man hat
Die Zeit läuft oft zu sinnlos ab
Und ist vorbei doch viel zu schnell

Das Stückchen Leben nimmt man hin
Man denkt nie lang darüber nach
Man gibt ihm viel zu wenig Sinn
Es kommt
Es bleibt
Es rinnt dahin
Dann ist es fort
Mit Weh und Ach

Dies bisschen Leben ist nicht viel
Ein Wimpernschlag
Ein Atemzug
Es ist mal ernst
Mal nur ein Spiel
Man kennt nicht Start und auch nicht Ziel
Oft bleibt ein leerer Wasserkrug

Ein Stückchen Leben ist ein Hauch
Im Universum sieht man's nicht
Doch sind's Millionen Träume auch
Milliarden Tränen
Manch ein Brauch
Ein Ozean aus Hoffnung
Licht

Dies Stückchen zwischen Jetzt und Dann
Das nennt sich Leben
Das sind wir
Als Mensch geboren
Frau und Mann
Geblieben ewig Kind sodann
Ein Augenblick
Ein Leben
Hier

Manche Tage
(So oder so)

Manche Tage sind wie Seide
Weich und wohlig
Richtig frisch
Fröhlich springst du durch die Heide
Fühlst dich wohl am Frühstückstisch

Manche Tage scheint die Sonne
Alles scheint dir leicht und gut
Planscht froh in der Gartentonne
Schöpfst aus allem Sinn und Mut

Doch dann kommen trübe Stunden
Dunkel wird's und kalt und öd
Ja, dann schmerzen alle Wunden
Dann fühlst du dich richtig blöd

Ätzend kriechen die Minuten
Wenn die Zeit dich fast erschlägt
Wenn die Wunden tierisch bluten
Wenn kein Baum mehr Früchte trägt

Wenn dir keiner steht zur Seite
Wenn allein du frierst im Tal
Dann ist fort die schöne Seide
Dann sind alle Tage Qual

Ach, dann denkst du an die Zeiten
Als es schön war, leicht und bunt
Doch dies Leben will nicht bleiben
Es zieht weiter
Stund um Stund

Freu dich an den Seidentagen
Lach, wenn du es kannst und willst
Stell nicht so viel dumme Fragen
Freu dich, wenn du gut dich fühlst

Tage sind wie sanfte Seide
Sind wie Regenwolken auch
Mal springst froh du durch die Heide
Mal nässt Regen deinen Bauch

Eine Frau

Wieder mal den Weg zum Amte
Stolpert sie so gegen 6
Noch ist sie die Unbekannte
Stolpert schnell den Weg zum Amte
Das liegt vor ihr links
Dann rechts

Brötchen, Kaffee, diesen lauen
Ein Gespräch kurz auf dem Gang
In die Unterlagen schauen
Wie viel werden sich heut trauen
Und die Zeit scheint ewig lang

Auf dem Stuhl, dem harten, kalten
Nimmt sie Platz, schaut hin und her
Menschen muss sie hier verwalten
Jenen Tag mit Sinn gestalten
Und manch Schicksal wiegt so schwer

Schon kommt rein der erste Kunde
Der sucht Arbeit
Oder nicht
Ziellos starrt er in die Runde
In der Seel klafft ihm 'ne Wunde
Angst sitzt tief ihm im Gesicht

Wut und Hoffnung muss sie kennen
Manchmal Härte auch
Und Mut
Nein, es bleibt kaum Zeit zum Flennen
Manchmal nachts ist Zeit zum Pennen
Oftmals glüht noch Arbeitswut

Ja, sie weiß, man liebt sie selten
An dem Ort, wo gar nichts gleich
Jenes Amt der tausend Welten
Wo manch´ Regeln kaum noch gelten
Hier wird niemand wirklich reich

Wenn die Kunden dann gegangen
Ordnet sie den Aktenberg
Hier, wo manches unverstanden
Wo sich niemals Menschen fanden
Schaut sie plötzlich recht verklärt

Packt die Tasche und hält inne
Ob sich das mal ändern wird
An der Decke eine Spinne
Leis tropft Regen aus der Rinne
Alles scheint total verkehrt

Sollt sie wirklich einsam bleiben
Haus und Auto
All dies Zeug
Kommen auch mal bessre Zeiten
Ohne Klar- und Ebenheiten
Ohne künstlich-glatter Freud

Doch dann wischt sie sich die Augen
Aus der Haut kommt sie nicht raus
Dieser Traum vom Meer, dem blauen
Schon versunken
Kaum zu glauben
Schnell trinkt sie den Kaffee aus

Stumm nimmt sie vom Eisenhaken
Ihren Mantel
Ihren Schal
Zwischen Mondlicht, Mücken, Schnaken
Wird sie durch den Regen waten
Morgen früh
Und wieder mal

Der Taxifahrer

Es hat geregnet, stundenlang
Er sah durchs Fenster auf die Straß'
Die Nacht verging minutenlang
Und er fuhr Taxi – stundenlang
Der Asphalt glänzte regennass

Manch Träume kamen in ihm hoch
Was wäre, wenn es anders wär
Wenn er mal käm aus diesem Loch
Die Hoffnung war da immer noch
Wär dann dies Leben nicht mehr schwer

Ganz einfach weg sein – irgendwo
Und fliehen aus dem Alltagstrott
Dorthin, wo alle Menschen froh
Ganz neu beginnen – einfach so
Sein Taxi war doch eh nur Schrott

Die Frau, die Kinder,
Spießigkeit
Und irgendwann ein kleines Haus
Und irgendwann Verdrießlichkeit
Und sterben an der Müßigkeit
Das hält doch keiner ewig aus

Ganz leise schlich er sich davon
Hinaus, wo kühl der Regen fiel
Die Nacht empfing ihn ohne Hohn
Er sah zum Haus, zu Frau und Sohn
Die ahnten nichts von seinem Ziel

Und er fuhr los, ins ferne Nichts
Der Regen wusch die Straßen frei
Er schien so fern des hellen Lichts
Die Nacht schluckt alles oder nichts
Und mancher Traum bricht da entzwei

Er war gefahren stundenlang
Längst lag die Stadt schwarz hinter ihm
Die Zeit verging wohl ewig lang
Und seine Seel' geriet in Brand
Er wollt nur fort – irgendwohin

Am Flugplatz hielt er endlich an
Sollt er jetzt fliegen ganz weit weg
Er war gefahren stundenlang
Und mancher Traum hält ewig an
Wirft man so schnell sein Leben weg

Er nahm sein Geld und zählte es
Es würde reichen – einmal hin
Da blieb nichts übrig, nicht ein Rest
Was, wenn man alles jetzt verlässt
Sein Herz schlug schnell tief in ihm drin

Und er stieg aus, lief schnell davon,
blieb stehen, blickte kurz zurück
Sein Taxi, seine Frau, sein Sohn
Er war zu weit entfernt wohl schon
Lag vor ihm nun der Traum, sein Glück

Da sank er nieder - und er schrie
Jedoch ansonsten blieb es still
Was sollt nur werden
Was und wie
Er war gesunken auf die Knie
Und längst verblasst sein großes Ziel

Die Hände schmutzig, auch die Knie
Ganz langsam stand er wieder auf
Warum jetzt hoffen – was und wie
Es wird schon gehen – irgendwie
Der große Traum Er pfiff darauf

Er setzte sich ins Auto schnell
und fuhr zurück in seine Stadt
Der Horizont ward langsam hell
Von irgendwo drang Hundgebell
Dort, wo er sein Zuhause hat

Und eh der Morgen da begann,
saß er daheim am Frühstückstisch
Die Frau starrt' ihn sehr lange an
„Hast Du geträumt, mein lieber Mann"
Er hat die Tränen schnell verwischt

Und nahm den Sohn in seinen Arm
Die Zeit verging ein kleines Stück
In seinem Herz war's wohlig warm
Mit Frau und Sohn in seinem Arm
fand er zurück zu seinem Glück

An manchem Tag, in mancher Nacht,
da fuhr er Taxi, auch mit Spaß
Er hat sich nicht davongemacht
Und mancher Traum verging ganz sacht
Und mancher Asphalt glänzte nass

Annäherung

Man sagt, er brachte Menschen um
Ein Serienkiller, ziemlich fies
Man sagt, er sei sehr roh und dumm
Ich weiß – er brachte Kinder um
Sein ganzes Wesen – total mies

Ein Mann, so um die zwanzig Jahr
Nicht hässlich,
Dünn,
Kein Supermann
Den Leuten ist wohl alles klar
Mir scheint so vieles sonderbar
Was dachte er so dann und wann

Zwei Jungen hat er umgebracht
Er hats gestanden
Sitzt jetzt ein
Er wird jetzt ziemlich schwer bewacht
Weil er sie eiskalt umgebracht
Im Knast will niemand "Mörder" sein

Ich melde mich beim Staatsanwalt
Denn ich will sprechen mal mit ihm
Er hat gemordet tief im Wald
An einem Tag, der bitterkalt
Sein Leben macht wohl kaum noch Sinn

Drei Tage später dann im Knast
Sitzt er mir gegenüber schon
Ich schau ihn an – er scheint so blass
Das Fenster wischt ein Regen nass
Er ist so jung
Wie manch´ ein Sohn

Sein Blick ist trüb
Er weicht mir aus
Will er nicht sprechen über „Das"
Da ist kein Teufel
Auch kein Graus
Doch ist er keine zahme Maus
Ich frage ihn: „Wieso, wie, was"

Durchs Fenstergitter flieht sein Blick
Kaum eine Regung spür ich, nichts
Vielleicht ist es auch nur ein Trick
Vielleicht ist ängstlich er ein Stück
In diesem Knast
Jenseits des Lichts

Zwei Wärter stehen vor der Tür
Die sind recht mächtig, stark und groß
Der Junge auf dem Stuhl vor mir
Scheint bleich und schwach
Kein wildes Tier
Die Hände zittern ihm im Schoß

Dann spricht er leis, so zaghaft, schwer
-Er hörte Stimmen laut in sich-
Ganz tief in ihm wards da so leer
Er sagt, er tut so was nie mehr
Doch tröstet das nicht ihn
Nicht mich

Ich denk, als er so mit mir spricht
An seine Opfer, die jetzt tot
Sie hatten Mütter sicherlich
Die leiden jetzt so fürchterlich
Er brachte so viel Leid
Und Not

Wie hält man´s aus, frag ich mich nur
Wie kann man das ertragen, wie
Er sagt es nicht
Ist er zu stur
Ist da von Reue keine Spur
Schläft man des nachts als Mörder nie

Doch alles, was er sagt und meint
Verwischt, verschwimmt im Zimmer hier
Als er dann vor mir kniet und weint
Als er kein Mörder und kein Feind
Ist selbst er Opfer – ohne Zier

Die Zeit verrinnt, ist bald vorbei
Man führt ihn fort
Man faucht ihn an
Noch einmal schaut er – einerlei
Die Uhr zeigt nachmittags um 2
Er ist ein Junge doch
Kein Mann

Allein bleib ich im Raum zurück
Steh langsam auf und schau und schweig
An diesem Ort, so fern vom Glück
Begreif ich nichts
Kein einzig´ Stück
Beinah tut er mir sogar leid

Wie seine Opfer – tot, vorbei
So starb er selbst – fort, wegradiert
Sein Leben sinnlos, aus, ein Schrei
Nie wieder Menschsein
Nie mehr frei
Nur noch ein Wesen, das erfriert

Die Leute rufen: „Tod dem Schwein"
„Wozu noch Knast für solchen Dreck"
Ich fühl mich ratlos – muss das sein
Doch wer vergibt
Macht man sich klein
Erfüllt die Todesstraf' den Zweck

Viel später schreib ich den Bericht
Und weiß nicht, wie ich´s schreiben kann
Der Regen wäscht das Fensterlicht
Als man im Radio plötzlich spricht:
Er hat erhängt sich
Irgendwann

Angst

Ich habe Angst
Angst davor, wie es wohl für mich weitergeht
Angst, ob sich die Erde für mich weiterdreht
Angst vor dem bitteren Erkennen
Dass nichts ewig ist, was wir auf Erden kennen

Ich habe Angst
Angst vor einem bittersüßen Morgen
Angst vor den nimmermüden Sorgen
Angst, dass ich niemals mehr ein Kind geworden
Denn ich fühlte mich einst so sehr geborgen

Ich habe Angst
Angst, ganz ohne Mama weiter hier zu leben
Angst, das alles nicht mehr zu verstehen
Angst, vor all den Ängsten nicht mehr zu bestehen
Ich habe Angst vor einem neuen Weiterleben

Doch der Herr sprach:
Fürchte Dich nicht
Ich bin bei Dir
Nein, Du bist nicht allein